어처구니

어처구니

정직한 대한민국을 위한
시대성찰 에세이

황윤수 지음

"

**무너진 대한민국의 설계도를 다시 그려낼
정직한 현장 보고서**

회사 생활을 오랫동안 함께하며 지켜본 황윤수 작가는 언제나 현장의 본질을 예리하게 꿰뚫는 눈을 가진 사람이었습니다. 이 책은 소란스러운 세상 속에서 우리가 잃어버린 성찰의 온도를 되살려냅니다. 단순히 세태를 비판하는 데 그치지 않고, 다름을 존중하며 우리 공동체가 나아갈 길을 묵묵히 제시하는 그의 문장들은 조용하지만 단단합니다. 조직의 리더부터 새로운 길을 찾는 청년까지, 혼란스러운 시대 속에서 올바른 삶의 방향을 찾고 싶은 모든 이에게 이 책을 적극 권합니다.

박영하 | 前 LG기공 대표이사

**상식이 실종된 시대를 향해 내리치는
서늘하고도 뜨거운 죽비 소리**

수십 년 전 교실에 앉아 있던 까까머리 제자가 어느덧 예순을 훌쩍 넘긴 나이가 되어 어느 원고를 들고 찾아왔습니다. 어린 시절의 예리함을 여전히 간직

어처구니

하고 있는 제자의 눈은 한국 사회의 환부를 가감 없이 파헤치고, '정직과 도덕'이라는 잃어버린 잣대를 다시 세우고자 합니다. 맷돌의 손잡이인 '어처구니'가 빠진 것처럼 중심을 잃고 흔들리는 우리 사회에, 이 책에 담긴 그의 뜨거운 충정은 상식을 회복할 소중한 불씨가 될 것입니다. 58년 개띠 제자의 치열한 삶의 지혜가 압축되어 있는 이 기록이 대한민국을 다시 깨우는 묵직한 울림이 되기를 진심으로 바랍니다.

김대권 | 중학교 은사

세상을 향한 매섭고 처절한 고발장, 그리고 그 너머의 희망

친구 황윤수는 처절한 실패 앞에서도 결코 비겁하게 우회하는 법이 없는 사람이었습니다. 그가 30년이라는 오랜 세월을 인내하며 써 내려간 이 책은 '공정함'이 사라진 시대를 향한 매서운 기록입니다.

가족의 붕괴부터 정치판의 민낯까지 우리 사회의 어처구니없는 현실을 낱낱이 해부하면서도, 그 독설의 이면에는 다음 세대를 위한 따뜻하면서도 치밀한 해법이 담겨 있습니다. 막힌 속이 뻥 뚫리는 통쾌한 일침과 가슴 벅찬 미래의 청사진을 만나고 싶은 분들이라면, 기꺼이 이 책을 인생의 확실한 이정표로 삼으시길 바랍니다.

최석호 | 대표이사, 50년지기 죽마고우

”

머리말

60여 년을 살아오며 참으로 어처구니없는 순간들을 숱하게 겪어왔습니다. 때로는 눈앞이 캄캄해질 만큼 답답하기도 했고, 웃음이 나올 정도로 기가 막히기도 했습니다. 우리가 믿었던 상식과 가치들이 세월과 함께 희미해져 가는 것을 보며, 세상이 이렇게 달라질 줄은 상상조차 못했습니다.

저는 58년 개띠입니다. 우리 가족은 못 입고 못 먹던 시대에 태어나 가난과 싸우며 힘겹게 자랐습니다. 어려운 환경 속에서도 부모님께 효도하고 가족을 지키는 것은 당연한 일이었습니다. 서로에게 의지하고 존경하며 살아가는 것이 인간의 도리라고 배웠지요. 그러나 요즘은 가족 간의 정이 희미해지고, 어른들이 외면받는 세상이 되었습니다. 사회는 점점 이기적으로 변해가고, 어디서부터 잘못된 것인지 고민하지 않을 수 없습니다.

이 책은 단순히 과거를 회상하고 한탄하기 위한 책이 아닙니다. 우리가 지나온 길 속에는 자랑스러운 기적이 담겨 있습니다. 한때 세계의 도움을 받던 우리가 이제는 도움을 주는 나라가 되었고, K-문화가 전 세계를 매료시키며, 외국인들이 가장 가고 싶어 하는 나라로 자리잡았습니다. 이 모든 변화는 우리가 스스로 만들어낸 기적이자, 하나님이 우리를 지켜 주셨다는 '하보우만의 기적'이라 부를 만합니다.

이 책을 통해 전하고 싶은 메시지는 단 한 가지입니다. 바로 인간으로서 우리가 지켜야 할 도리를 되찾는 것입니다. 우리가 마주한 문제들은 크고 복잡하지만, 서로를 존중하며 함께한다면 더 나은 사회로 나아갈 수 있습니다. 진정한 선진국의 모습은 높은 GDP에 있는 것이 아니라, 사람을 존중하고 도리를 지켜나가는 데 있습니다. 이 책이 그러한 변화를 위한 작은 불씨가 되기를 간절히 바랍니다.

저와 같은 세대에게는 지나온 세월을 돌아보며 현실을 직시할 용기를, 젊은 세대에게는 우리 사회가 직면한 문제들을 이해하고 인간의 도리를 되새길 기회를 전하고 싶습니다. 이 책을 통해 우리가 잃어버린 가치들을 다시 품고, 다가올 세대에게 자랑스러운 미래를 물려줄 수 있기를 소망합니다.

모두가 함께 지켜야 할 도리 속에서, 대한민국이 만들어낼 새로운 기적의 시작점이 이 책에서 타오르길 희망합니다.

차례

3장 공무원이 흐흐흐

4장 정치인이 허허허

5장 대한민국이 하하하

1장

가족이 흑흑흑

66

우리 아이

99

    아이들의 행동이 도를 넘었다. 초등학교 6학년 학생이 학교 복도에서 친구와 싸움을 하다가 담임 교사가 타이르자 흥분해서 흉기를 꺼내 들고 교사를 위협했다는 기사가 나왔다. 얼마 전에는 중학교 교실에서 수업이 진행되는 동안 한 학생이 선생님 옆 바닥에 누워 핸드폰을 보는 충격적인 영상이 공영 방송에 보도되었다.

    아이들이 왜 이렇게 버릇이 없어지고 무서워졌는가! 학교에서 아이들이 폭행을 저지르면, 다른 학교로 전학을 보내면 된단다. 이것이 교육 당국의 매뉴얼이다. 어처구니없는 일이다. 아무도 학생들에게 옳고 그름을 가르치려 하지 않는다. 어른들은 서로 다른 진영으로 반반 나뉘어 첨예하게 대립하며, 사회 전반에는 불신과 분노가 짙게 깔려 있다. 온라인에서는 사소한 의견 차이에도 날 선 비난이 오가고, 현실에서는 층간소음 문제로 이웃 간에 얼굴을 붉히며, 조금만 불편해도 서로를 향해 쉽게 삿대질을 한다. 지금의 아이들은 이런 장면을 보며 자라고 있다. 우리는 언제부터 이렇게 변했을까? 서로를 존중하고 예의를 중시했던 미덕은 대체 어디로 사라졌을까?

이 이야기는 바로 그 질문에 대한 답을 찾아가는 여정이다. 무너진 예의와 도덕이 지배하는 동방불의 지옥에서, 잊힌 가치를 되찾아 다시 동방예의지국으로 돌아가려는 한 사람의 이야기가 시작된다. 과거 우리가 배웠던, 이제는 희미해진 가르침을 다시 불러내어 새로운 역사를 써 내려가고자 한다.

어릴 적의 기억을 떠올린다. 내가 국민학교 3학년이던 어느 날, 담임선생님은 갑자기 국민교육헌장을 외우라고 하셨다. 무조건 외우라는 말에 이유도 알지 못한 채 우리는 단지 "네" 하고 대답했다. 매일같이 외웠고, 틀리면 늦게라도 남아서 외워야 했다. 못 외우는 아이는 이름이 불려 수업이 끝난 뒤 교실에 남았다. 그렇게 전 학생이 모두 외울 때까지 이 과정은 반복되었다. 그리고 조회 시간이 되면 무작위로 호명되어 앞에 나와서 외워야 했다. 결국 모두가 외울 수밖에 없었다. 딱딱하고 어려운 말들 뿐이었고, 뜻도 몰랐지만 그저 앵무새처럼 외우고 또 외웠다. 그 결과 60년이 지난 지금까지도 그 문장들은 거의 그대로 기억 속에 남아있다. 우리 또래라면 아마 모두가 기억하고 있을 것이다.

**1968년 12월 5일 오전 9시 30분,
박정희 대통령령에 의해 국민교육헌장이 선포되었다.**

"우리는 민족중흥의 역사적 사명을 띠고 이 땅에 태어났다.
조상의 빛난 얼을 오늘에 되살려, 안으로 자주독립의 자세를 확립하고, 밖으로 인류 공영에 이바지할 때다. 이에, 우리의 나아갈 바를 밝혀 교육의 지표로 삼는다.

성실한 마음과 튼튼한 몸으로 학문과 기술을 배우고 익히며, 타고난 저마다의 소질을 계발하고, 우리의 처지를 약진의 발판으로 삼아 창조의 힘과 개척의 정신을 기른다. 공익과 질서를 앞세우며 능률과 실질을 숭상하고, 경애와 신의에 뿌리박은 상부상조의 전통을 이어받아 명랑하고 따뜻한 협동 정신을 북돋운다. 우리의 창의와 협력을 바탕으로 나라가 발전하며, 나라의 융성이 나의 발전의 근본임을 깨달아 자유와 진리에 따르는 책임과 의무를 다하며, 스스로 국가 건설에 참여하고 봉사하는 국민정신을 드높인다.

반공 민주 정신에 투철한 애국애족이 우리의 삶의 길이며, 자유세계의 이상을 실현하는 기반이다. 길이 후손에 물려줄 영광된 통일 조국의 앞날을 내다보며, 신념과 긍지를 지닌 근면한 국민으로서 민족의 슬기를 모아 줄기찬 노력으로, 새 역사를 창조하자.”

이 국민교육헌장은 전쟁이 끝난 지 얼마 되지 않은 과도기 시대에 국민에게 교육의 지침서 역할을 했다.

국민교육헌장은 우리 국민이 단순히 주어진 운명을 살아가는 존재가 아니라, 역사를 만들어가는 주역임을 일깨워 주려는 말들이었다. 또한 국민들의 마음속에 반공이라는 애국심과 교육의 중요성을 강조했다. 모든 교과서 맨 앞장에 국민교육헌장이 수록되었고 우리는 그것을 보면서 민주적 시민의식인 협동과 봉사의 중요성을 배웠다. 그 시절 선생님들은 학생들에게 예의와 공경을 철저히 가르쳤고, 잘못된 행동은 사랑의 매로 교정하면서 항상 학생들에게 올바른 인성교육을 실시하였다. 학생이 선생님에게 대들거나 무례하게 행동하는 것은 상상조차 할 수 없었다. 선생님을 보면 고개를 숙이고 인사하는 것이 당연했고, 선생님은 그야말로 언제나 존경받는 존재였다.

국민학교 졸업식 날이면 교실은 언제나 눈물바다가 되었다. "빛나는 졸업장을 타신 언니께 꽃다발을 한 아름 선사합니다"로 시작하는 재학생의 노래가 울려 퍼지면, 졸업생들은 끝내 눈물을 참지 못했다. "잘 있거라 아우들아, 정든 교실아"라는 구절을 들으며 엉엉 울던 기억이 아직도 생생하다. 그때의 졸업식은 책을 물려받아 공부하고, 선생님과 친구들에게 진심 어린 작별을 고하는 소중한 순간이었다. 그 시절의 감동과 정은 시간이 흘러도 쉽게 잊히지 않는다. 우리는 지금도 그때의 선생님 및 선배들과 나누었던 정을 마음속에 품고 살아간다. 그래서 지금도 우리는 중·고등학교 동창 모임에 선생님을 초대해 감사의 마음을 나누곤 한다. 50년이 지나도 고맙고 감사한 선생님은 여전히 우리의 마음속에 남아 있다.

언젠가 중학교 동창 모임에 갔는데 친구가 선생님께 "형님"이라 불러서 의아했다. 나는 깜짝 놀라서 "야, 인마! 선생님께 '형'이 뭐야? 건방지게, 사과해, 인마!" 하며 열을 올렸다.

그런데 친구가 말했다. "선생님이 친구로 부르라고 허락하셨어!"

"그래? 선생님이 친구라고 불러도 된다고?" 나는 선생님께 물어보았다.

"맞나요, 선생님?"

선생님은 "아니, 이제 같이 늙어 가는데 형님이라 불러도 괜찮아"라고 하셨다. 그 순간, 선생님이 스승을 넘어 넘어 한 가족이 된 것처럼 느껴졌다. 지금도 우리는 선생님과 술잔을 기울이며 옛날 이야기를 하고, 함께 야유회도 간다. 선생님께서는 제자의 자녀 결혼식이 있으면 시간이 허락하는 한 꼭 참석해 주신다. 엊그제 내 아이가 결혼을 했다. 고등학교 때 담임선생님은 직접 자리를 빛내 주셨고, 중학교 담임선생님은 축의금을 보내주셨다. 50년이 지났지만, 여전히 고맙고 감사한, 존경하는 선생님들이시다.

그러나 지금은 많은 것이 변했다. 교실에서는 수업 중 학생들이 춤을 추다가 선생님이 돌아보면 다시 자리에 앉는 장면이 펼쳐진다. 마치 '무궁화꽃이 피었습니다' 놀이를 연상시키는 모습이 유튜브 영상으로까지 공개돼 충격을 준다. 선생님이 학생을 제대로 지도할 수 없는 상황에 놓인 것이다. 교사가 학생을 질책하면 학부모는 아이 편을 들며 항의하고, 심지어 교사의 뺨을 때리는 경우도 있다. 정말로 어처구니없는 일이다.

교권은 땅에 떨어졌고, 선생님의 인권은 무시되고 있으며 교육은 무너졌다. 도대체 30년이 지난 지금, 무엇 때문에 아이들이 이렇게 변한 것일까?

학교뿐 아니라 가정에서도 예의를 중시했다. 아버지가 숟가락을 들기 전에는 절대 밥을 먹지 않았다. 요즘 '밥묵자'라는 유튜브 채널이 많은 인기를 끌고 있다. 이 채널에는 다양한 사람들이 초대되는데, 나이 드신 분이 식사를 시작하기 전에는 밥을 먼저 먹지 않는다는 분명한 철칙이 있다. 어른에 대한 예의를 지키는 것이다. 그것을 보고 있으면 옛날 생각이 많이 나 입가에 웃음이 번진다. 등하교 시에는 "학교에 다녀오겠습니다", "학교에 잘 다녀왔습니다"라고 부모님께 인사드리는 것이 일상이었다. 가난했지만, 그 시절에는 서로 예의를 지키고 존중하는 것이 당연한 삶의 방식이었다.

얼마 전 나는 아들과 함께 저녁을 먹으며 술 한잔을 나누고 있었다.

즐겁게 대화를 나누던 중, 아들이 갑자기 "아빠가 나 안 키웠잖아?"라고 말했다. 순간 나는 당황했고, "아빠가 널 안 키웠으면 누가 널 키웠냐?"

며 목소리를 높였다.

평생 아이들만을 위해 살아왔다고 믿어온 나는 너무 화가 난 나머지 5분 동안 고래고래 소리소리 질렀다. 그리고 그 뒤에 밀려온 것은 깊은 자괴감이었다. 그 사건이 있고 난 뒤 몇 달 동안 분한 마음이 쉽게 가라앉지 않았고, 상처는 마음 깊이 남아 잠까지 설쳤다.

1년 정도 지났을까? 그제서야 나는 내가 무엇을 놓치고 있었는지 깨달았다. 30세에 직장에 들어가 가정보다는 일이 먼저였고, 가정보다는 직장 동료와 어울리는 것이 우선이었다. 일주일에 3~4일은 술에 취해 집에 들어왔고, 퇴근 시간은 늘 밤 9~10시였다. 내가 집에 돌아가면 아이들은 이미 잠들어 있었고 아침 일찍 출근할 때도 아이들은 자고 있었다. 나는 자식을 위해 열심히 살았다고 자부했지만, 아이들의 기억 속에는 아빠의 자리가 없었던 것이다. 결국, 아들의 말이 틀리지 않았다. 나는 아이를 키웠다고 생각했지만, 실은 회사에 목숨을 걸고 다녔을 뿐이었다. 아이와 대화할 시간도, 예절과 태도를 가르칠 여유도 없었다.나는 그저 돈벌레, 일벌레였던 것이다. 그러다 어느새, 나이 들어 잔소리만 늘어놓는 '꼰대' 같은 나를 발견했다. 아이들의 버릇없음은 결국 나의 잘못에서 비롯된 것이었다.

이제 우리는 '꼰대'와 '예의 없는 세대'가 공존하는 사회에서 살아가고 있다. 우리가 잃어버린 예의를 되찾지 못한다면, 우리의 미래는 더 어두워질 것이다. 지금 필요한 것은 남을 탓하기 전에, 우리 스스로 지금껏 무엇을 놓치고 살아왔는지를 돌아보는 일이다. 예의와 배려를 되찾는 방법은 무엇일까?

"아빠가 나 안 키웠잖아?"라는 아들의 말은 뼈아픈 진실이었다. 나는 자식을 위해 열심히 살았다고 자부했지만, 아이의 기억 속에서 나는 늘 부재한 아빠였다. 이 아픈 깨달음은 지금의 우리 부모 세대가 겪고 있는 아픔이자, 다음 세대에게 던지는 뼈 있는 질문이다.

지금 우리 부모들과 아이들의 머리에는 성적, 학원, 봉사점수만 있다.

봉사활동 점수를 위해서 부모가 나섰다가 나라 전체가 시끄러워졌고, 결국 감옥에까지 간 일도 있었다. 그 사이 가정교육과 학교교육에서 인성교육은 찾아보기 어려워졌다.

중국의 고서『산해경』에는 이런 기록이 전해진다. 중국에서는 우리나라를 동쪽에 있는 예의 바른 나라라는 뜻으로 동방예의지국이라고 불렀다. 공자 또한 조선의 예를 배울 수 있다면 어떤 어려움도 감수하겠다고 말했을 만큼, 예의의 가치를 높이 평가했다는 이야기가 전해진다. 조상들이 일군 동방예의지국을, 우리는 어느새 '동방불의지국'으로 바꾸어 놓았다. 이제 다시 동방예의지국으로 돌아가야 한다. 그것이 조상에 대한 보답이라고 생각한다.

66

우리 청년

99

요즘 청년들은 MZ세대로 불리며 디지털 시대에 살고 있다. 하지만 동시에 이 세대는 N포 세대로도 불린다. 연애, 결혼, 출산을 포기한 3포 세대에서 시작해, 내 집 마련과 인간관계까지 포기한 5포 세대, 그리고 꿈과 희망마저 포기한 7포 세대로까지 이어지고 있다. 이제 더 이상 포기할 것이 없을 정도로 모든 것을 포기한 N포 세대가 된 것이다.

청년들이 이렇게 많은 걸 포기하게 된 원인은 무엇일까? 이는 청년들만의 문제일까? 아니면 우리가 만들어 놓은 환경과 사회 구조가 그들을 이 상황에 몰아넣은 것일까? 오늘날 청년들은 취업이 어렵다며 절망에 빠져 있지만 3D 업종, 즉 더럽고 힘들고 위험한 일들은 외국인들로 급속하게 대체되고 있다. 한편, 대기업에 취업한 청년들도, 공무원이 된 이들도, 중소기업에 다니는 이들도 퇴사를 선택하는 경우가 많다. 그 이유는 무엇일까? 안정된 삶, 편안한 시간을 원하기 때문이다. 하지만 그들의 선택이 앞으로 다가올 험한 세상에서 편안함을 가져다줄까? 쉽게 돈을 벌고 쉽게 소비하는 삶. 그들이 원하는 것은 더 이상 꿈을 키우는 것이 아니다. 그들은 '포기'를 선택함으로써 자신을 편안하게 만들고 있다. 하지만 그 편안함 뒤에는 불안감과 무기력이 자리 잡고 있다. 세상에 쉬운 돈은 없으며, 포기하는 순간 미래의 가능성도 함께 사라진다.

지금부터는 나의 청년 시절 이야기를 해보고자 한다. 나는 한 회사에 뼈를 묻었다. 대기업에서 24년간 근무하였다. 입사 후 3년 만에 큰 어려움을 겪었다. 입사 동기가 13명 있었는데 나만 대리 진급이 안된 것이었다. 직장 생활을 하면서 처음으로 충격을 받았다. 나는 과장님에게 따졌다.

"아니 과장님! 내가 대리 진급에서 누락된 이유를 알려 주세요!"

과장님은 본인은 나에게 고과를 잘 주었다고 했다. 고과를 잘 주었다고 하니 더 이상 물어볼 말이 없었다. 그러면 부장님이 고과를 안 좋게 주었다는 것인데 부장님에게는 따질 수가 없었다. 나이 차이도 많이 나고 여러모로 어려웠기 때문이었다.

입사동기가 인사과에 있어 찾아갔다.

"야! 내가 왜 진급이 누락됐냐? 인사 고과 좀 보여줘라 이유나 좀 알자."

"야, 인마 그냥 다녀! 인사는 비밀인 거 너도 알잖아!"

"그래도 그렇지 이놈아! 내가 안전사고를 냈냐? 회사에 피해를 주었냐? 현장소장이 이익 많이 내면 됐지. 뭘 더 잘해야 되는데?"

"너 인마, 찍혔으니까 그렇지."

"찍혀? 아니 내가 열심히 일했는데 왜 찍혀?"

갑자기 뒤통수를 맞은 것 같은 충격에 빠졌다.

내가 막 입사했을 때 회사에서 극기 훈련을 하였다. 1박 2일 일정으로, 전 직원 수백 명이 조를 나누어 함께 참여하는 프로그램이었다. 나는 어르신들과 한 조가 되었는데 서로 엎어지고 자빠지고 가관이 아니었다.

설상가상으로 눈이 내려서 길은 더욱 미끄러웠다. 나는 어르신들이 엎어질 때마다 손을 붙잡아주며 부축하였다. 훈련이라는 생각보다는 왜 이런 것을 회사에서 하는지 화가 치밀었다. 나는 군에 있을 때부터 유격 훈련에 대해 좋지 않은 인식을 가지고 있었다. 유격 훈련 중 통닭구이를 하면서 뒹굴다 안경이 깨진 경험이 있었기 때문이다.

회사 극기 훈련 중간중간, 빨간 모자를 쓴 조교가 군대식 말투로 지시를 했다.

"그렇게밖에 못하겠습니까?"

나는 갑자기 화가 머리끝까지 올라와 소리를 질렀다.

"야, 인마 여기가 군대냐? 정신 차려 인마. 여긴 사회야 사회. 개소리하지 말고 가만히 있어!"

조교는 어이없다는 듯 한동안 나를 바라보고만 있었다.

다음날 아침 전 직원이 한자리에 모였다. 총무과에서는 극기 훈련을 잘했다고 논하는 자리였다. 몇 명이 앞에 나와서 보람된 훈련이었다고 이야기했다. 사회자가 또 누구 소감을 이야기 할 사람 없냐고 하였다. 나는 겁도 없이 손을 들고 앞으로 나갔다. 사장님도 참석한 자리였고 총무과에서 심혈을 기울여 기획한 큰 행사였기 때문에 모두가 좋은 말만 하였다. 하지만 나는 첫마디를 이렇게 시작했다.

"달밤에 체조들 잘하셨습니까?"

모두 와- 하고 웃으면서 박수를 쳤다. 살아오면서 그렇게 많은 사람들 앞에서 처음으로 이야기를 했는데, 그토록 큰 박수를 받아본 적은 없었다. 그리고 엉뚱한 말을 계속 지껄였다.

"제가 사장 아들이면 이런 것 안 했을 텐데요!"

농담을 하자 또 한 번 와– 웃으면서 박수를 쳐 주었다. 나는 기세가 등등하여 더욱 자극적인 이야기로 극기훈련의 불필요함을 이야기했다. 많은 직원들이 공감해주고 호응을 해주었다. 그런데 누군가가 외친다.

"그만합시다!"

깜짝 놀라서 보니 총무과 관리자 같았다. 서둘러 마무리하고 내려왔는데 내가 내려온 후 고요한 정막이 흘렀다. 행사는 마무리되었는데 회사에서는 난리가 난 것이다. 수억 원을 들인 엄청나게 큰 행사를 일개 신입사원 한 명이 망쳤다는 것이다.

다음 날 아침, 부장님이 총무과에 가서 사과를 하란다. 나는 내가 무엇을 잘못했는지도 몰랐다. 하지만 부장님이 사과를 하고 오라고 하니 일단 총무과로 갔다. 문을 열고 총무과를 막 들어서려는 데 누군가 소리 쳤다.

"나가, 인마!"

나는 다른 사람에게 이야기하는 줄 알았다. 앞으로 가는데 또 누군가 소리를 지른다.

"나가라고 이 자식아!"

나에게 한 소리였다. 나는 어이가 없었지만 그냥 나왔다. 그리고 퇴근해 버렸다. 집에 와서 곰곰이 생각하니 내가 한 말이 틀렸다고는 느껴지지 않았다. 군대에서 이미 충분히 뺑이를 치고 사회에 진출했는데 오자마자 또다시 극기 훈련을 한다고 군대 조교를 데려다 놓고 소리를 지른다니. 나의 상식으로는 도저히 이해할 수 없는 일이었다. 나는 회사원들이 이런 훈련을 해야 하는 필요성을 전혀 느끼지 못했다. 그래서 한 번쯤 재고해 보라는 의미로 한 소리였는데. 그것은 결국 나만의 생각이었다.

그 후로 계속 직장 생활이 꼬였다. 그래도 누가 보든 보지 않든 회사에서 주어진 일은 열심히 일했다. 그런데도 이상하게 누구의 입김인지 한 부서에 오래 있지를 못하였다. 나의 의사와 상관없이 힘들고 어려운 부서로만 배치가 되었다. 그럴 때마다 친구가 한소리가 귓속에 맴돌았다.

"넌 찍혔어, 인마!"

기술개발과, 신규사업개발과, 신규사업개발팀, 시스템사업부 등 힘들고 어려운 부서로만 배치가 되었다. 세어 보니 한 회사에서 무려 열두 개의 부서를 거쳤다. 기네스북에라도 오를 만한 일이다. 한 회사에서 열두 번이나 부서를 옮겼다면 바보이거나 천재이거나, 둘 중 하나일 텐데 나는 바보 쪽이었다. 그런데 그렇게까지 서럽지는 않았다. 새로운 일을 배우는 것이 훗날 언젠가는 나에게 도움이 될 것이라고 막연히 생각했기 때문이다.

그동안 회사 사장님이 세 번째 바뀌었다. 마지막으로 부임한 분은 그룹 내에서 일 잘하기로 소문난 사람이었다. 말도 조리 있게 하고 지혜와 덕을 겸비한 분이라 자연스레 존경심이 생겼다. 직원들과 대화할 때면 나는 늘 그분의 강점을 이야기했다. 무엇보다 직원들과 소통을 잘 하셨기 때문이다. 사장님은 전 관리자가 일주일에 한 번씩 사장실에 와 업무적인 이야기를 하고 노트에 사장님 싸인을 받도록 제도화했다. 한 번이라도 빠지면 기록에 공백이 남아, 사실상 빠질 수 없는 구조였다.

그렇게 사장님은 모든 관리자와 소통을 하였다. 나 역시 사장님과 많은 대화를 하면서 직장 생활이 점점 신나기 시작했다. 사장님이 나의 능력을 인정해 주었기 때문이었다. 뛸듯이 기뻤다. 바로 그때, 사장님을 위해서라면 뭐든지 하겠다는 집념이 생겼다.

사장님이 회장님께 내 얘기를 좋게 전해 주었는지, 회장님도 가끔 내 자리에 오셔서 이런저런 이야기를 건네셨다. 회장님과 대화를 나누며 많은 것을 배웠다. 사람과의 관계를 a, b, c로 나누어 관리하라고 말씀을 하셨는데, 그 당시는 몰랐다. 하지만 지금 60이 넘어서야 그 말의 의미를 깨닫게 되었다. 좋은 사람도 많으니 굳이 나쁜 사람 만나서 스트레스 받으며 살 필요가 없다는 것이다.

회장님은 직원들과 격의 없이 지내셨고 늘 검소하셨다. 회의 자리에서 가끔 짚어내는 한마디를 들을 때면 '역시 오너는 다르구나!' 하는 존경심이 저절로 마음속에서 우러나왔다. 어쩌다 함께 식사를 하면 돼지고기를 넣은 김치찌개를 좋아하셨다. 그리고 밥을 남기거나 식당에서 일하시는 분께 반말을 하면 호되게 야단을 치셨다. 어느 날 사장님께서 나를 불렀다.

"황 차장은 잘 할 수 있을 테니 인재육성팀을 해보면 어때요?"

보통 팀장은 부장급이 하는데 나는 차장 신분으로 팀을 맡게 된 것이었다. 가장 중요한 부서의 업무를 능력도 없는 나에게 맡겨주시니 정말 고마웠다. 이후 나는 그룹 내에서 잘하고 있는 회사를 방문하여 벤치마킹을 시작하였다. 가장 먼저는 인재개발위원회를 만들었다. 인재개발위원회는 전 관리자를 인재로 만드는 로드맵을 그려주는 인재육성 프로그램이었다. 이 위원회는 사장님과 전 임원이 참여하는 중요한 회의체로 자리매김하게 되었다.

그리고 회사의 매출을 올리기 위해 전사적인 협의체를 두 개나 만들었다. 기술전략협의회와 영업전략협의회였다. 두 협의체는 매주 두 차례, 아침 7시부터 8시 30분까지 운영되었다. 새벽 5시에 집에서 출발하여 회의실에 도착하면, 사원부터 임원들까지 모인 회의에서 영업전략과 기술전략에 대한 핵심 논의가 이어졌다. 나는 간사로서 모든 회의를 준비하고 진행해야 했기에 부담스럽기도 했지만, 동시에 내게 영업 전략과 기술 개발에 대한 깊은 통찰을 제공하는 기회이기도 했다. 치열한 논의 속에서 영업의 본질과 기술의 핵심을 배울 수 있었고, 그 시간들이 쌓일수록 나만의 영업 무기가 점점 더 날카로워지는 것을 느꼈다. 그 시간들은 나를 성장시켰고, 우리는 사장님과 함께 회사의 매출을 3배 이상 끌어올릴 수 있었다.

이 경험은 이후 나에게 '영업 전략'이라는 큰 무기가 되었다. 지금 60이 넘은 나이에도 작지만 강한 회사를 경영할 수 있는 힘의 근원이기도 하다. 퇴직 후에는 100여 개 중소기업의 영업사원에게 영업 교육을 12시간정도 하였고 그 과정에서 여러 회사의 매출이 눈에 띄게 성장했다. 지금도 대표님들로부터 영업 교육을 부탁하는 연락이 종종 온다. 현재는 무료로 영업사원 특강을 진행하고 있다.

내 젊은 시절의 이야기, 그것은 단순히 한 개인의 고생담이 아니다. 그것은 당신들이 지금 느끼는 막막함과 다르지 않은 불안함과 고통 속에서, 나름의 길을 찾아낸 한 선배의 기록이다. 나는 단 한 번의 실수로 20년 동안이나 험난한 직장 생활을 했다. 그런데 나는 그 시간들을 통해 한 가지 진실을 깨달았다. 세상에 쉬운 것은 없지만, 세상에 불가능한 것 또한 없다는 사실이다. 찍혔다는 절망감에 주저앉을 수도 있었지만, 나는 오히려 그 절망을 성장의 발판으로 삼았다. 부서를 여러 번 옮길 때마다 찢어지는 아픈 시련이 있었지만 나는 견디었다. 그리고 마침내, 나만의 무기가 갖추어졌다.

지금의 우리 젊은이들은 워라밸을 이야기하며 삶의 균형을 찾으려 한다. 물론 자신을 소중히 여기는 것은 중요하다. 하지만 삶의 균형은 쉬운 곳에서 얻어지는 것이 아니다. 치열하게 부딪치고 넘어지는 과정 속에서 스스로 단단해지는 경험을 통해 만들어진다. 편안함만을 좇는 알바(아르바이트)는 잠시의 시간을 벌어줄 뿐, 미래를 위한 진정한 무기를 만들어주지는 못한다. 우리에게 필요한 것은 N포 세대의 절망이 아니라, N도 세대, 즉 다시 도전하는 세대의 용기다.

지금 당신의 손에 쥔 무기가 없더라도 괜찮다. 보이지 않는다는 이유로 포기할 필요는 없다. 포기하지 않고 끈질기게 도전하는 과정 자체가 가장 강력한 무기가 된다. 그 무기를 만들기 위해 필요한 것은 화려한 스펙이나 쉬운 길이 아니라, 진정한 내 삶의 주인이 되겠다는 용기이다.

오늘 당장 시작하라. 남이 닦아놓은 길 위에서 서성대는 삶이 아니라, 당신만의 무기를 만드는 삶에 도전하라. 실패하고, 다시 일어서는 모든 순간이 당신의 가장 위대한 자산이 될 것이다.

우리 아빠

아버지는 20대에 혼자 이북에서 월남하셨다.

잠잘 곳이 없어서 절에서 밥을 얻어먹고 잠을 자며 직장을 구하러 다니셨다고 했다. 그때는 나이가 너무 어리면 취직을 할 수 없어 호적의 나이도 고치셨다고 한다.

"윤수야! 아버지가 사실은 나이를 3살 더 많게 호적을 고쳤단다. 지금도 탄로 나면 큰일 나니 너만 알고 있어라!"

"예, 알았어요! 그걸 누구에게 이야기해요! 말 안 할게요!"

아버지께서는 시험을 보고 경무대에 들어가셨다. 어느 날 호구조사를 나갔다가 열사병에 걸려 말을 못하는 한 처녀를 만나셨다고 한다. 아버지는 말을 못하는 그 처녀가 안쓰러워 가끔씩 먹을 것을 사다 주셨다고 했다. 그 덕에 말을 못하던 처녀는 조금씩 회복되었고, 더듬거리기는 했지만 겨우 벙어리를 면할 즈음에 두 분은 서로 사랑하게 되었다고 한다. 그 처녀가 바로 나의 어머니였다. 병이 거의 회복될 무렵 두 분은 결혼을 하였고, 결혼 후 아들만 4명을 낳았다. 우리집은 가난했지만 아버지는 항상 정직하게 살라고 자식들을 가르치셨다. 나는 지금도 "누구를 가장 존경하세요?"라고 물으면 주저 없이 아버님이라고 당당하게 이야기한다. 아버지는 평생 정직한 삶을 실천하신 분이기 때문이다. 아버지는 배우지 못한 것이 한이 되어 "아들만큼은 반드시 대학에 보내겠다"라고 늘 말씀하셨다. 그 당시 대학 등록금은 꽤 비쌌고 우리 형편에 4명을 대학에 보내는 것은 거의 불가능했다. 아버지는 매달 노란 월급봉투를 어머니에게 건네셨다. 엄마가 "여보, 수고했어요"라고 한마디 하면 그제서야 아버지의 입가에 미소가 번졌다. 하지만 어머니는 돈을 세시다가 "웬 가불이 이렇게 많아요?" 하면서 봉투에 있는 동전을 탈탈 털며 이야기하면 아버지의 웃음은 금세 사라졌다.

"아이들 등록금 때문에 가불했잖아."

그리고 우리가 알아듣지 못하게 일본 말로 이야기를 이어가셨다. 우리 부모님은 일제강점기를 사셨기 때문에 일본 말을 잘하셨다. 지금도 내 기억에 남아 있는 단어는 '오까네'이다. 아버지는 늘 어머니에게 "오까네가 어쩌고저쩌고" 하면서 말씀하셨기 때문이다. 나는 그 말이 궁금해 아버지에게 물어보았다.

"아빠, 매일 오까네 오까네 하면서 엄마와 이야기하는데 도대체 무슨 말이에요?"

아버지는 웃으며 말씀하셨다.

"오까네는 돈이라는 뜻이란다."

늘 돈에 쪼달려 살았기 때문에 돈 이야기를 많이 할 수밖에 없었고, 아이들이 듣기엔 좋지 않을 것 같아 일부러 일본 말로 하신 것이었다. 지금 생각해 보면, 그 또한 아버지의 지혜였다.

돈암동 산꼭대기에 살던 어느 날, 엄청난 일이 벌어졌다. 큰형이 비스듬한 절벽에 동생을 데리고 갔는데 잠깐 한눈을 파는 사이에 아이가 놀다 밑으로 굴러떨어진 것이다. 동생은 데굴데굴 굴러가고 있었고 형은 "사람 살려요!"를 외치며 소리치고 난리가 난 것이다. 그대로 굴러떨어졌다면 동생이 죽을 수도 있는 절체절명의 순간이었다. 다행히도 하늘이 도왔는지 굴러 떨어지던 아이를 지나가던 한 어른이 받아 주었다. 그분이 아니었다면 아마 그날 내 동생은 죽었을 것이다. 내가 2학년 때였으니 동생은 4살 정도였을 것이다. 집에 오니 동생은 피투성이가 된 채 안겨 있었고 어머니는 울고 계셨다.

"엄마, 동생이 왜 이렇게 피투성이야? 왜 그래?"

병원에 갈 돈이 없어 동네 사람들이 준 약을 바르고 '아까징끼'라고 하는 뻘건 약만 온몸에 발랐다. 그 일이 있은 후 아버지는 아래동네로 이사를 가야겠다고 말씀하셨다. 그런데 아래동네는 집값이 더 비쌌기 때문에 난감해 하시는 것 같았다. 그때부터 아버지는 매일 볼 수가 없었다. 내가 잠들 때 퇴근하셨고 내가 깨기 전에 출근을 하셨기 때문이다. 아버지는 이사를 하기 위해 매일 야근을 하신 것이었다. 어느날 아버지께서 일찍 들어오셨다. 환한 얼굴을 하시면서 가족들을 모아놓고 이야기 하신다.

"얘들아, 우리 이사 간다. 저 아랫동네로 말이다!"

엄마는 "여보, 고생했어요" 하면서 갑자기 방을 나가셨다. 한참 만에야 방으로 들어오셨는데, 어머니의 눈은 벌겋게 충혈되어 있었다.

우리는 아버지의 야근 덕분에 마침내 산꼭대기에서 중턱쯤 되는 곳으로 이사를 했다. 그곳은 '숨방이네 집'이라 불렸는데, 그 이름은 지금도 또렷이 기억난다. 방에서 조금만 떠들면 숨방이 할머니가 다듬이 방망이를 들고 와 와서 조용히 하라고 하셨다. 형들과 나는 겁에 질려 찍소리도 못 냈다. 더 힘들었던 것은 화장실이었다. 집에서 20~30m나 떨어져 있었는데 겨울에 대변을 보러 가면 손이 꽁꽁 얼어 닦을 수가 없었다. 화장지도 없어 신문을 오려서 닦았는데 겨울에는 항상 고생한 기억이 있다. 그래도 산꼭대기보다 좋은 점은 다락이 있었다는 것이다. 다락에서 형들과 놀던 추억은 지금도 따뜻하게 떠오른다.

내가 5학년 되던 해, 아버지는 정릉에 집을 지어 이사를 가자고 하셨다. 돈암동 산꼭대기 집에서 살던 나는 정말 너무 기뻐 팔짝팔짝 뛰었다.

"정말이에요, 아빠? 우리가 집을 지어요? 방이 몇 개예요?"

"방은 3개다."

꿈인지 생시인지 분간이 가지 않았다. 남의 집 전세살이가 지긋지긋했는데 드디어 우리 집을 갖게 된 것이다. 정릉 집에 가던 날, 나는 거의 뜬눈으로 밤을 새웠다. 정릉 집에 도착해 보니 밑에는 개울이 흐르고 있었고, 너무나 좋았다. 이제는 우리 집이니 맘껏 떠들어도 된다는 생각에 너무 기뻤다. 아버지는 네 형제의 등록금을 대느라 정말 뼈골이 빠지도록 일하셨다. 그럼에도 끝내 4명 모두를 다 대학에 보내셨고, 집 한 채도 장만하셨다.

어느 날 밤, 아버지와 어머니가 하는 대화를 잠결에 듣게 되었다.

"여보, 아이들 등록금 때문에 부서를 옮기려고 해."

"아니, 지금 부서가 좋은데 옮기지 말아요!"

"아냐 옮겨야 돼. 거기는 야근이 많아! 지금 형편으로는 아이들 등록금 댈 수가 없잖아!"

"그래도 평생 야근만 할 순 없잖아요! 당신 힘든데 그냥 있지 그래요!"

결국 아버지는 부서를 바꾸었고, 일을 집으로 싸 들고 오시기도 했다. 나와 형은 아버지가 가져온 자료를 함께 정리해 드리곤 했다. 외식은 엄두도 내지 못했지만 아버지는 항상 퇴근길에 무엇인가를 사들고 오셨다. 가장 많이 사오신 건 샘비와 땅콩이었다. 지금 샘비를 먹어보면 그때 아버지가 사 오신 샘비가 훨씬 더 맛있었던 것 같다. 땅콩, 옥수수, 조금이라도 여유가 생기면 늘 우리 먹을 것을 챙겨 오셨다. 지금 생각하면 "아버지, 어머니 먼저 드세요"라는 말 한마디를 왜 하지 못했는지 후회가 된다. 아버지는 아파도 아프다 하지 않으셨고, 힘들어도 힘들다고 말하지 않으셨다. 먹을 것을 사 오셔도 정작 본인은 드시지 않았다. 아버지는 가족들을 위한 일벌레였다. 지금 생각해보면, 아버지의 인생은 자식 네 명을 대학교에 보내고 집 한 채를 장만하기 위해 온전히 바쳐졌다.

아버지 덕분에 나는 대학을 무난히 졸업할 수 있었고, 운이 좋게도 럭키금성그룹이라는 대기업에 입사를 하였다. 당시는 대학만 졸업하면 99% 취직이 되던 시대로, 대기업들이 사람이 필요해서 졸업도 하기 전에 학생들을 스카웃을 해 가곤 했다. 나는 대리, 과장, 차장, 부장, 팀장까지 오르며 회사에 뼈를 묻고 살았다. 그런데 부장 고참이던 어느 해, 깜짝 놀랄 사건이 터졌다. 아침에 인사 발령이 알려졌는데 내가 대기발령을 받은 것이었다. 정말로 어처구니없는 일이었다. 아니, 대기발령이면 그 사유를 본인에게 설명하는 것이 상식일 텐데, 이유도 알려주지 않은 채 대기발령을 내는 경우가 어디 있나? 나는 분을 참지 못하고 바로 A3 용지에 크게 '대기발령 황윤수'라고 빨간 매직으로 크게 써서 내 자리 뒤 벽에 붙였다. 빨간 글씨로 쓴 것은 내가 죽었다는 의미였다. 그리고 큰 소리로 외쳤다.

"내가 써 붙인 걸 떼는 인간은 죽여 버리겠어!"

돈도 빽도 없던 내가 대기업을 상대로 전쟁을 선포한 것이었다. 그 순간, 늘 정직하게 살라고 하시던 아버지의 말씀이 떠올랐다. 나는 대기발령을 받을 만큼 잘못한 일이 없기 때문에 떳떳하였다. 보통 대기발령을 받으면 2~3일 인사부서에 대기하다가 퇴직하는 것이 관례였다.

잠시 후 인사부장이 와서 이야기한다.

"황 부장, 저거 좀 떼고 이야기합시다. 창피하게 저게 뭡니까?"

나는 대기발령을 낸 이유를 수긍하기 전까지는 절대 뗄 수 없다고 하였다. 인사부장은 내가 실적이 부진한 게 원인이라고 했다. 나는 더 큰소리로 이야기했다.

"다른 팀들은 거의 그룹에서 공사를 받기 때문에 목표 달성이 쉽다고 봅니다. 저는 경쟁 상대가 삼성, 현대, LG, KT등 1군 업체입니다. 우리 회사는 공사업체이지 제안입찰을 하는 회사가 아닙니다. 공공영업팀은 정말 힘든 부서입니다."

"황 부장이 목표를 200억으로 잡고 서명하지 않았습니까?"

"제 역량은 1년에 100억 정도인데 목표를 200억으로 하라고 한 것 아닙니까? 그때 기획부장이 집까지 찾아와서 조직이 크려면 할 수 없다고 하여 제가 수긍하고 나온 것 알고 있지 않습니까? 최선을 다해서 130억 이상했는데 왜 대기발령을 낸 겁니까?"

인사부장이 매일 찾아와서 이야기를 했다. 나는 내 명예가 회복되지 않으면 회복될 수 있는 조치를 하겠다고 했다 그때 인사부장은 나에게 "황 부장 마음대로 하세요!"라고 했는데 마치 나를 조롱하는 것처럼 들렸다. 이미 화가 나 있던 나에게 불을 지른 것이었다. 노동부에 신고를 하던

지 말던지 하라는 말에 격분한 나는 정말 노동부에 신고를 하였다. 노동부에 불려간 인사부장은 망신만 당하고 왔다. 결론적으로, 대기발령 사유가 안 된다는 것이었다. 그 후 나는 1년 동안 그냥 회사를 출근했다. 누구도 내게 일을 주지 않았고, 그렇다고 나가라고 말하는 사람도 없었다. 어느 날 전략부서에 있던 한 직원이 나에게 와서 회의실로 가자고 했다.

"부장님 잠깐 회의실로 가시죠?"

"왜?"

"할 이야기가 있습니다."

"여기서 해."

"아니, 잠깐이면 됩니다!"

그는 그렇게 말하며 내 손을 끌었다. 회의실에 들어서자 그는 조심스럽게 말했다.

"부장님, 힘드시죠?"

"아니? 뭐가 힘들어. 일도 안 하는데. 하하하!"

나는 되도록 후배들에게 약한 모습을 보이지 않으려고 노력하였다. 그는 내 손을 잡더니 잠깐 기도하자고 한다. 나는 얼떨결에 그가 하는 대로 가만히 서 있었다. 그는 하늘에서 더 큰 기회를 주시려고 하는 것이니 힘내라는 내용의 기도를 했다. 기도가 끝나자, 내 눈에서 눈물이 주루룩 흘러내렸다. 회사에 출근만 하던 지 3달쯤 되었을 무렵, 평소 존경하던 재경부서 선배가 밥이나 먹자고 했다. 그 선배는 조용한 일식집에서 아무 이야기도 하지 않은 채 그냥 내 울분을 들어 주셨다. 두 번째 식사 때도 그 선배는 분을 참지 못하고 쏟아내는 내 이야기를 듣고만 있었다. 그 선배에게 고마웠다. 속이 시원해졌다. 아무도 내 이야기를 들어주지 않던 때, 누군가가 내 말을 들어준 것이다.

1년 정도 시간이 지난 후 회사에서는 나를 이러지도 저러지도 못하는 상황이 되었다. 회사로서는 복직을 시켜줘야 했다. 그러나 그렇게 되면 이제껏 대기발령을 받고 나간 부장들에게 문제가 될 수 있었다. 그래서 복직을 해줄 수도, 안 해줄 수도 없는 매우 곤란한 처지에 놓인 것이다. 나는 복직할 수도 있었지만, 회사에 대한 실망이 너무 커 더 이상 다니고 싶지 않았다. 그리고 재경부서 선배 때문에도 계속 있기가 불편했다. 부장들은 나에게 잘했다고 응원을 보내주었고 나는 내 명예가 회복되었다고 판단했다. 그렇게 나는 회사를 자랑스럽게 퇴사하였다. 그리고 다음 해부터 관행처럼 이어지던 부장 대기발령 제도는 사라졌다.

그리고 나는 결심하였다. 아이들에게 물려줄 것은 재산도 돈도 아닌, 고기를 잡는 방법이라는 것이다. 늘 아이들과 가족회의를 하면서 부족하지만 나의 경험과 지식을 나누었다. 그 결과 지금은 조그마한 회사를 세워 아직까지도 견실하게 운영하고 있다. 열심히 하는 아이에게 나는 대표직까지 물려주면서 이야기했다.

첫째, 욕심내지 말고 정직하게 사업하기
둘째, 고객을 위한 가치 창조하기

아이들은 내 말을 실천했다. 정직하게 일했으며 욕심내지 않았다. 그 결과 매년 매출이 상승하였다. 젊은 친구들이라 그런지 달랐다. 자기 회사라고 생각하며 정말 열심히 한다. 휴일에도 회사에 나와 일하는 모습을 볼 때마다 아이들이 너무 자랑스럽고 고맙다.

존경하는 아버지,

당신은 평생 정직을 가슴에 품고, 정직을 실천하셨죠. 저 또한 '정직' 이라는 삶의 나침반 덕분에 인생의 거친 파도 속에서도 길을 잃지 않을 수 있었습니다. 지금 나는 세상에서 가장 행복한 사람입니다. 큰아이, 작은아이 모두 장가보냈고 사랑스러운 손자까지 생겼습니다. 빚 없이 저축까지 하며 살고 있으니 더할 나위가 없습니다.

저는 아버지의 삶을 기억하며, 앞으로도 당신의 자랑스러운 아들로 살아가려 합니다. 당신께 배운 정직의 가치를 남은 생 동안 더 단단하게 지켜내겠습니다.

아버지, 이만하면 저도 정직하게 잘 살았죠?

❝
우리 엄마
❞

　옛날 우리 어머니들은 모두 쳇바퀴를 돌았다. 하루 종일 쉴 틈 없이 쳇바퀴를 돌리고 또 돌린 것이다. 예전에는 자식들을 보통 4~6명까지 낳았다. 결혼하고 애를 낳고 보통 2년 간격으로 애를 낳는다. 셋째인 나는 둘째 형과 2년 차이, 둘째 형 역시 큰형과 2년 차이였다. 아이가 두 살 때까지는 거의 하루 종일 곁에 붙어 있어야 한다. 그러니 애 보는 데 많은 시간이 걸리는 것이다. 그렇게 10년 동안은 애만 키우다가 애가 학교에 들어가고 나면 또다시 15년 동안 더 바쁜 나날이 이어졌다.

　어머니는 자식들을 학교에 보내야 하니 아침 5시에 일어나셨다. 그리고 매일같이 도시락을 싸셨다. 아버지, 나, 그리고 형 두 명에 대한 도시락이었다. 도시락 반찬이라고 해봐야 계란 후라이는 엄두도 못내고 늘 김치와 검은 콩자반이 전부였다.

　아버지와 아이들을 학교를 보내고 나면 어머니는 집에서 50m 떨어진 우물가로 가서 빨래를 하셨다. 추운 겨울날에는 언 손을 호호 불면서 빨래를 하셨다. 빨래를 하고 오면 연탄불을 갈고 집안청소를 하면 점심때가 되고, 점심식사 후에는 양말을 꿰메고 아버지 와이셔츠를 다리셨다. 그리고 나면 저녁식사 준비가 시작됐다. 내가 살던 정릉시장은 걸어서 30분 정도 걸리는 거리였다. 반찬은 늘 두부와 콩나물이었고 조금 괜찮은 날이면 오뎅을 함께 사셨다. 어머니가 김치를 담그는 날에는 나를 데리고 시장에 가셨다. 배추를 사서 들고 올 때면 등이 축축이 젖곤 했다.

아버지가 퇴근해 오시면 어머니는 저녁상을 정성스럽게 차리셨다. 반찬이라야 된장찌개에 김치가 다였다. 어머니가 된장찌개를 끓이시는 날이면 형들과 나는 뎀뿌라 전쟁을 벌였다. 나는 형들이 먼저 먹을까 봐 필사적이었다. 밥 몇 숟가락을 뜨고 나면 뎀뿌라는 없다. 어머니와 아버지는 늘 된장찌개 국물만 드셨다. 그래도 아버지는 식사를 마치고 나면 늘 잘 먹었다고 하셨다. 그 모습을 보고 자란 우리도 밥을 먹고 나면 잘 먹었다고 한다. 어머니는 늘 그 한마디에 미소를 지으셨다. 한방에서 여섯 식구가 함께 잤다. 아버지의 코 고는 소리를 자장가 삼아 나도 잠이 들었다. 어머니는 이런 생활을 20년간 하셨다.

내가 중학교 때 큰 사고를 한 번 쳤다. 수업 시간에 뒤에 앉은 친구가 내 가방에 만년필로 잉크를 자꾸 뿌려서 하지 말라고 했는데 계속 뿌렸다. 나는 그때 그 친구 얼굴에 침을 뱉으면서 큰소리로 이야기하였다.

"하지 말라고!"

선생님은 둘이 앞으로 나오라고 하더니, 벽에 발을 대고 물구나무를 서게 했다. 수업이 끝난 뒤 그 친구는 나에게 남으라고 했다. 한 번도 싸워 본 적이 없던 나는 불안했다. '그냥 도망가야 하나? 남아서 싸워야 하나?' 수업 시간 내내 그 생각만 했다. 그래도 남으라고 하니 남아야겠지 하고 마음을 굳힌 후 나름 생각을 정리하였다. 나는 싸움을 해본 적이 없으니 마주보면 먼저 선방을 치고 도망가야겠다고 생각을 했다. 모래가 있는 마당으로 그가 걸어오는 것이 보였다. 친구까지 대동하고 오고 있었다. 나는 몹시 불안하고 초조했다. 마음을 가라앉히려 해도 심장이 계속 쿵쾅쿵쾅 뛰었다. 드디어 사정거리 안으로 그가 들어왔다. 나는 두 눈을 질끈 감고 그의 얼굴을 있는 힘을 다해서 쳤다. 그가 억하고 쓰러졌다. 나는 뒤도 돌아보지 않고 도망쳐서 집으로 왔다. 집으로 왔는데 어머니가 없다. 나는 불길한 예감이 들었다. 어머니는 저녁 늦게 파 김치가 되어 들어오셨다. 그리고 나를 붙잡고 아무 말씀도 안하시고 엉엉 통곡을 하셨다.

"엄마 왜 그래? 무슨 일 있어?"

어머니는 계속 서럽게 우셨다. 아버지가 오시고 나서야 나는 사태의 심각성을 알았다. 그 친구 앞 이빨 세 개가 흔들린다는 것이었다. 학교에서 전화가 와서 어머니가 학교로 달려갔고 그 친구 어머니는 난리를 치면서 치과를 여기저기 데리고 늦게까지 다닌 것이었다. 친구 어머니는 어떻게 할 거냐고 다그쳤고 어머니는 아무 말도 못하신 채 치료를 다 해주겠다고 하셨다. 큰일이 난 것이었다. 당시 아버지는 공무원이셨는데 정권이 바뀌고 춘천으로 발령이 나셔서 춘천에서 1평 정도 되는 방을 얻어 살고 계셨다. 집안 꼴이 말이 아닌 상태였다. 차비도 없던 시절이라 어머니는 앞집에서 돈을 꾸기도 하셨던 때였다. 다음날 학교에 가니 담임선생님이 불러서 말씀하셨다.

"앞으로 근신해!"

나는 근신이 무슨 뜻인지 몰랐다. 축구를 좋아하여 평소처럼 점심시간에 축구를 했는데 선생님이 또 부르셨다.

"야, 인마! 근신하라고 했는데 축구를 해? 그냥 조용히 있으란 말이야!"

나는 그날부터 주눅이 들어서 아무것도 못하고 앉아만 있었다. 집에 돌아왔는데 어머니가 계시지 않았다. 치료비 때문에 여기저기 돈을 꾸러 다니셨기 때문이다. 어머니는 어렵게 어렵게 돈을 마련해서 치료비를 대셨고 3년 동안 이상이 있으면 치료를 해준다고 한 후에야 마무리가 되었다. 그런데 어머니는 한 번도 나에게 왜 때렸냐고 묻지 않으셨다. 아버지도 "그럴 수도 있지 다음에는 조심해라" 정도만 말씀하셨다. 두들겨 맞아도 싼 나를 어머니는 당신의 눈물로 삭히셨다. 내가 살면서 어머니께 가장 큰 불효를 한 것이었다.

나보다 두 살 위인 둘째 형은 어머니에게 늘 거짓말을 했다.

"엄마 엄마 내가 전화하면 보따리 큰 거 하나 들고 와. 알았지? 왜 큰 보따리를 들고 오냐 하면 거기에 돈을 가득 넣어 줄 거거든!"

심심하면 그런 거짓말을 했다. 그러면 어머니는 웃으면서 "넌 가진 것도 없는 놈이 늘 뻥만 쳐"라고 하셨다. 지금 생각하면 어머니 속을 제일 안 썩인 사람이 둘째 형이었다. 한 번도 돈을 달라고 한 적도 없었고 성적표가 나와도 어머니가 실망하실 까봐 보여드리지를 않았다.

어느 날 학교에서 돌아오니 큰형이 어머니에게 돈을 달라고 떼를 쓰고 있었다. 둘째형 과 나는 돈을 달라고 엄마를 괴롭히는 형이 싫었다. 그리고 형이 무서웠다. 형은 동생들에게 항상 엄격했기 때문이다. 장남이라 그랬던 것 같다. 늘 엄하고 반듯하고 공부도 제일 잘하는 큰형이었는데 그날따라 엄마가 없다고 하는데도 형은 발로 엄마 무릎을 툭툭 치면서 돈을 가져오라고 했다. 급하게 돈을 쓸 일이 있는 것 같았다.

그런데 갑자기 둘째 형이 벌떡 일어나면서 소리를 쳤다.

"형, 왜 엄마를 괴롭혀? 엄마가 돈이 어디 있어? 엄마 괴롭히지 말고 뒤로 나와!”

큰형은 “이 새끼가!” 하면서 뒤뜰로 나갔고 두 형은 뒤엉켜서 싸웠다. 나는 너무 놀래서 물끄러미 쳐다만 보고 있었다. 당시 둘째 형은 운동을 잘했다 태권도 유단자였고 도장에서도 겨루기를 제일 잘했다. 엎치락 뒤치락 하면서도 둘째 형은 큰형을 때리지는 않고 피하기만 했다. 어머니는 놀래서 나에게 빨리 말리지 않고 뭐하냐고 하셨고 결국 어머니가 뜯어 말리셨다. 가까스로 뜯어 말렸는데도 큰형은 분이 풀리지 않았는지 씩씩 댔다. 둘째 형은 큰소리로 “엄마 또 괴롭히면 가만히 안 있을 거야!” 하면서 밖으로 나가 버렸다. 그날 둘째 형은 통금 시간이 다 되어서야 집에 돌아왔다. 나는 이 일을 아버지에게 말할까 말까 망설였지만 말을 하지 못했고 어머니도 아버지께 말하지 않으신 것 같았다. 아버지가 아셨으면 큰형을 가만두지 않았을 텐데 말이다. 어머니는 늘 안 좋은 일들은 혼자서 삭히셨다.

크고 작은 사건들이 늘 있었다. 밤마다 천정에서는 쥐들이 전쟁을 벌였다. 우당탕탕 싸우고 찍찍거리고 난리도 아니었다. 그러면 아버지는 일어나셔서 빗자루로 천정을 툭툭 치셨고, 그러면 신기하게도 곧 잠잠해졌다. 어느 날도 어김없이 천정에서 쥐들이 우당탕탕 전쟁을 했다. 여섯 식구가 저녁을 먹고 나서 이야기를 하고 있었는데 갑자기 천정이 찢어지면서 쥐 한 마리가 방으로 떨어졌다. 엄청 큰 쥐였다. 나는 나도 모르게 “악!” 하고 소리를 질렀다. 형들도 기겁을 하고 도망쳤다. 자식들은 다 크게 놀랐는데 어머니는 “뭐 하냐!” 하시며 한쪽으로 몰라고 하셨다. 나는 쥐가 그렇게 빠른 줄 몰랐다. 쥐 한 마리를 잡으려고 집안이 난리가 났다. 겨우 4평쯤 되는 좁은 방 안에서 쥐는 살려고 발버둥 치는데 거의 날아다

넜다. 우리 여섯 식구는 사력을 다해 잡으려고 했으나 잡히지를 않았다. 10여 분간 쫓고 쫓기는 싸움을 한 끝에 드디어 어머니가 방 빗자루로 쥐를 때려잡으셨다. 그야말로 엄청난 쥐 잡이 전쟁이었다. 어머니는 겉으로는 한없이 유하였지만 가족을 위해서는 쥐도 때려잡는 외유내강한 분이셨다. 그 후로 아버지는 베니아판을 대고 천정을 수리하셨다.

네 자녀를 학교에 보내기에는 아버지 봉급으로는 어림도 없었다. 어머니는 늘 맞은 편 집에 있는 진필이 어머니에게서 돈을 꾸셨다. 그 집 아버지는 경찰관이셨고 우리 아버지는 검찰청에 다니셨다. 어릴적 나는 경찰관이 돈이 많은 줄 알았다. 그런데 나중에 알고 보니 검찰청 다니는 아버지가 봉급이 더 많았다고 한다.

우리 집 앞에는 개울이 흘렀고 개울 맞은편에 바로 그 집이 있었다. 5m 정도 거리라 문을 열어 놓으면 집안이 훤하게 보였다. 참 신기한 것은 우리 집에는 아들만 4명이었고 그 집에는 딸만 4명이었다는 점이다. 지금 생각해 보면 하나님도 참 공평하시지 않으신 것 같다. 쌀이 부족할 때면 어머니는 수제비를 해 주셨다. 그러던 어느 날부터 윗집에 살던 덕경이 엄마가 우리 집에 자주 오기 시작했다. 정릉교회로 전도하러 오신 것이었다. 그분은 직접 수제비도 끓여 주시고 자주 우리집에 오셨다. 그분의 노력으로 어머니와 아버지는 정릉교회를 다니게 되었다. 그때부터 어머니는 새로운 세상을 접하게 되셨다. 교회 분들과 친교를 나누며 점점 삶의 폭이 넓어졌다. 그 당시 엄마는 머리가 좋으셔서 아는 사람 전화번호를 다 외우셨고, 교회에서 인기가 많으셔서 친구들을 많이 사귀셨다. 이후에는 친한 분들과 해외여행도 종종 다니셨다. 자식들이 못해드린 여행을 교회 분들과 함께 하신 것이다. 참 고마운 분들이다.

어느 날 아버지와 같이 일하던 동생이 갑자기 쓰러져 급히 신촌 세브란스병원으로 갔다. 병명도 정확히 모른단다. 뇌 사진을 찍어야 하는데 동생이 머리에 기계를 붙이면 다 뜯어낸다. 검사를 할 수가 없었다. 가까스로 검사를 했는데 지주막하출혈 같으나 정확히 무슨 병인지 알 수가 없다고 했고, 상태가 너무 심각하여 중환자실로 옮겼다. 동생이 중환자실로 이송된 날부터 어머니는 세브란스병원 중환자 대기실에서 주무셨다.

그곳에는 먼저 온 사람들이 텃세가 심했다. 자리를 차지한 채 다른 사람들이 못 오도록 진을 치고 있었다. 심지어 중환자 대기실에서는 자리다툼 때문에 싸움이 벌어지기도 했다. 어머니는 가까스로 좁은 공간을 마련하고 쪽잠을 주무셨다. 나는 어머니께 이야기했다.

"여기 불편하잖아요. 제가 있을 테니 집에서 주무세요!"

그럼 어머니는 화를 내셨다.

"다시는 그런 말 하지 말거라!"

동생은 1달, 2달이 지나도 호전되지 않았다. 어머니는 3개월 동안 쪽잠을 주무시면서 열심히 기도하셨다. 어느 날 병원에서 급히 들어오라는 연락이 왔다. 나와 어머니는 중환자실에서 마지막 숨을 거두는 동생을 바라보았다. 어머니는 죽은 동생에게 울면서 입맞춤을 하셨다. 나는 복도로 나와서 대성통곡을 하였다.

동생이 죽고 난 후 우리 가족은 웃음을 잃었다. 어머니와 아버지는 우울증 증세까지 겹치며 힘겨운 시간을 보냈다. 결국 어머니는 동생 죽은 것 때문에 많이 힘들어 하시다가 일찍 돌아가셨다. 자식을 먼저 보내고 마음에 대못을 박고 사시다가 돌아가신 것이다.

어머니는 사시면서 남에게 싫은 소리 한 번을 하지 않으셨다. 늘 어머니는 "소중한 남편, 소중한 자식, 소중한 며느리"라고 이야기하시면서 집 안화목을 위해 애쓰셨다. 어머니가 돌아가신 후 유품을 정리하다가 어머니의 일기장을 발견했다. 일기장에는 온통 자식 걱정 이야기였다. 어머니 일기장에는 걱정과 근심이 가득했다. 문제가 해결되면 또 문제가 생기고 문제가 해결되면 또다른 문제가 생긴다고 씌여 있었다. 남들은 장가를 다 보내면 홀가분하다고 하는데, 자식을 다 키우면 편할 줄 알았는데, 더 힘들다는 것이었다.

어머니는 남편과 자녀들에게 헌신하며 쳇바퀴 삶을 사셨다. 며느리들에게도 부담을 주지 않으려 무던히 애쓰고 사셨다. 내가 살던 집에도 혹여나 부담이 될까 봐 한 번도 방문하지 않으셨다. 부모님을 초청하지 못한 내 잘못이다. 어머님 은혜에 눈물이 맺힌다.

30년이 지난 1980년대, 우리 어머니들의 생활은 매우 달라졌다. 전기밥솥, TV, 냉장고, 세탁기 등이 거의 모든 가정에 보급되었다. 그리고 1988년 7월, 서울올림픽을 앞두고 집 밖에서도 통화할 수 있는 신기한 전화기가 등장했다. 대한민국 휴대폰 역사 34년의 시작이었다. 1988년 784대에서 1991년 10만 대, 2010년에는 5천만 대를 넘어섰다. 이제 사람들의 생활패턴이 완전히 바뀌었다. 시간이 무척 절약되었다. 밥하는 시간, 빨래하는 시간, 음식 보관하는 시간이 줄어들었고, 핸드폰 하나만 있으면 모든 것을 쉽게 알 수 있게 되었다. 맛집이 어디인지, 경치 좋은 곳이 어디인지, 서비스 좋은 곳이 어디인지 누구나 쉽게 빠르게 모든 정보를 공유하는 시대가 된 것이다. 신용카드가 등장하면서 이제는 돈도 들고 다닐 필요가 없어졌다. 필요한 것은 언제든 카드로 살 수 있는 시대가 된 것이다. 천지가 개벽한 듯한 변화였다. 자유를 만끽하게 된 것이다. 한마디로 놀

구멍이 천지가 된 셈이었다.

어느 날 퇴근 후 집을 올라가기 위해 엘리베이터를 탔는데 깜짝 놀랐다.

"야! 요즘 애인 하나 없는 사람이 어디 있어? 하나 소개해 줄까?"

가정주부들끼리 엘리베이터에서 나눈 대화가 내 귀에 들린 것이다. 정말로 어처구니가 없었다. 가정주부가 애인이 없으면 바보 취급을 받는 시대가 된 것인가? 나는 내 귀를 의심했다. 남편이 출근하고 나면 시간이 많아진 주부들은 시간 보낼 곳을 찾는다고 한다. 요즘 식당과 카페를 가면 가정주부들이 주 고객이다. 먹고 마시고 노는 문화, 자유의 물결이 대한민국의 주부들을 덮쳤다. 시간이 여유로워지니 함께 모여 수다를 떠는 시간이 늘어난 것이다.

어느 날 우연히 집사람 핸드폰을 보는데 누가 '웬수'로 저장이 되어 있었다. 몹시 궁금했다.

'도대체 어떤 놈이 어떻게 했길래 웬수로 저장되어 있을까?'

집사람이 그놈 때문에 힘들어하면 내가 해결해 주겠다고 마음을 먹었다. 나는 조심스럽게 웬수가 누군지 확인해 봤는데 순간 소스라치게 놀랐다. 그 웬수는 바로 '나'였던 것이다. 나는 순간 내 눈을 의심했다. 잘못 보았겠지 하고 다시 확인해 보았다. 틀림이 없었다. 내 번호가 분명 웬수로 등록되어 있었다. 나는 일만하고 월급만 가져다 주었을 뿐인데, 나는 그것이 최선인 줄 알고 살아왔는데 웬수라니? 나는 60이 넘은 지금까지도 그 충격적이었던 순간을 잊을 수가 없다. 그 후 곰곰이 한 달 동안 생각해 보았다.

'내가 어떻게 행동을 했길래 웬수라고 할까?'

생각해 보니 내가 집사람을 위해 따뜻하게 대해 준 기억이 나지 않았다. 아침 일찍 출근하여 밤늦게 오기 일쑤였고, 이틀이 멀다하고 술을 먹고 들어왔다. 일요일에는 피곤하다는 이유로 늘 11시까지 잤다. 바둑이 유일한 취미인 나는 휴일이 되면 거의 기원에 가서 살았다. 당시 집사람은 아파트 아주머니들과 어울리기 시작한 시기였다. 그들이 여행 이야기, 먹고 마시고 노는 이야기를 하니 그간 나만 바라보고 살아온 집사람은 화가 났을 것이다. 그래도 나를 웬수로 인식한다는 것은 도저히 납득이 되지 않았다. 며칠이 지나서 다시 몰래 확인을 해보았다. 이번에는 '남푠'으로 등록이 되어 있었다. 남편이 아니라 남푠은 또 뭔가? 그래도 웬수가 없어져서 천만다행이었다. 나는 지금까지도 왜 내가 '웬수'였는지 물어보지 않았다. 아마 죽을 때쯤 물어 볼 것 같다. 왜 내가 그때 웬수였냐고…. 그 일 후로 나는 핸드폰에 집사람을 '소중한 사람'으로 등록하였다. 어머니가 우리를 소중한 자식이라고 늘 말했기 때문에 나도 집사람을 소중한 사람으로, 소중한 집사람으로 등록하였다. 그리고 며느리들도 '소중한 며느리'로 등록했다.

원래 집사람이 술을 거의 못했는데 그 당시부터 조금씩 술을 먹기 시작했다. 동네 사람들과 어울리면서 마시기 시작한 것이다. 지금도 많이 마시지는 못하지만 즐겨 먹긴 한다. 아이들은 엄마 건강이 걱정이 되어 실손 보험도 챙기고 건강 검진도 받게 했다. 다행히 큰 병은 없었다. 돌이켜보면 나는 살면서 집사람 고생만 시킨 것 같다. 며칠 전에는 쌍꺼풀 수술을 하라고 하였다. 평생 집사람 옷을 사준 기억이 없다. 나는 집사람과 7살 차이가 난다. 요즈음 나는 집사람에게 늘 존댓말을 한다. 이제껏 잘못한 것들에 대한 뒤늦은 미안함 때문이다. 집사람은 평생 살면서 돈을 함부로 쓴 적이 없다. 정말 검소하고 돈을 알뜰하게 모은다. 내가 파산을 해서 집을 날려 보냈지만 집사람은 저축해서 집을 샀다. 문득 탤런트 전원 주가 떠올랐다. 그렇게 구두쇠로 알려졌던 분이 이제는 호텔에서 잠을 자고 자기를 위해 돈을 쓴다고 한다. 며칠 전 전원주 유투브 영상을 집사람에게 보내며 메시지를 남겼다.

"여보, 이제는 당신 돈도 있고 저축도 잘하며 사니까 당신 자신을 위해서도 좀 쓰며 살아요!"

어느날 동창회를 가니 여자들이 이런 말을 했다.

"우리 남편은 두식이야."

"나는 삼식이야."

"야, 말도 말아라. 나는 오식이다!"

나는 무슨 말인지 몰라 어리둥절했다. 집에서 두 끼 먹으면 두식이, 세 끼 먹으면 삼식이, 간식까지 먹으면 오식이라는 것이다. 그러고는 남편이 삼식이냐며 서로 놀려 댔다. 어처구니가 없었다. 평생 남편이 돈을 벌어다 주었는데 직장을 못 나가면 밥 차려 주는 것이 당연한 거 아닌가?

내 어린 시절의 어머니는 늘 쳇바퀴를 도는 삶을 사셨다. 계란프라이 하나 올리지 못한 도시락을 싸고, 언 손을 호호 불어가며 빨래를 하셨다. 당신의 삶은 오직 가족을 위한 헌신으로 채워져 있었다. 어머니의 눈물과 희생은 우리 가족의 삶을 지탱하는 힘이 되었다. 하지만 세상이 너무나 빠르게 변했다. 물질적 풍요가 자유를 가져다주었다. 그 덕분에 어머니들은 놀 구멍이 많아졌지만, 동시에 소중한 것을 잃기 시작했다. 옛날 어머니들이 온전히 감당했던 가난과 고통은 사라졌지만, 그 자리를 비교와 외로움, 그리고 서로에 대한 무관심이 채우고 있다. 자녀의 학원 픽업으로 바쁘고, 자신만의 삶을 찾아 떠난 지금의 어머니들. 그들의 삶은 과

어처구니

거와는 전혀 다른 모양새지만, '삼식이'라는 우스갯소리 뒤에는 가족 간의 단절이라는 슬픈 현실이 여전히 숨어있다.

　세상이 아무리 변해도 변하지 않는 진리가 있다. 바로 가화만사성(家和萬事成)이다. 가정의 화목이 모든 행복의 시작이라는 단순하지만 위대한 진리. 과거 우리 어머니들이 묵묵히 희생하며 지켜온 가정이 그 증거다. 휴대폰을 잠시 내려놓고, 소중한 사람과 눈을 마주 보며 함께 밥을 먹는 일, 그 작은 행동에서부터 시작해야 한다. 진정한 행복은 과거의 어머니들이 그러했듯, 서로를 향한 따뜻한 시선과 한마디의 말, 그리고 가족을 위해 기꺼이 내어주는 사랑과 헌신 속에서만 피어날 수 있기 때문이다.

우리 어르신

“할머니, 교회 열심히 다니시는데 무슨 기도해?”

“응, 난 아프지 않고 갑자기 죽게 해달라고 기도하지.”

“아니, 그게 무슨 말씀이세요? 할머니, 지금 건강하시고 아픈 데도 없잖아. 행복하게 오래 사시게 해달라고 기도해야죠.”

“너희 엄마가 그렇게 기도하라고 하더라.”

“예? 엄마가요?”

잠시 침묵이 흘렀다. 나는 할머니를 가만히 안았다. 할머니가 생각보다 작고 가녀리게 느껴졌다.

“할머니, 그런 기도 말고 오래오래 건강하게 지내시게 해달라고 기도해 주세요.”

그날 밤, 나는 할머니 방에서 함께 잠들었다. 옛날 이야기를 나누며 마치 어린 시절로 돌아간 듯했다.

며칠 뒤, 아버지께서 전화를 주셨다.

“윤수야, 마음 단단히 먹어라. 할머니께서 돌아가셨다.”

나는 너무 놀라 한걸음에 병원으로 달려갔다. 할머니의 손을 만져보니 따뜻했다.

"할머니 돌아가신 게 맞나요? 이렇게 따뜻하신데…."

나는 할머니를 부여잡고 목 놓아 울었다. 할머니는 평소 기도하신 대로 아프지 않고 조용히 세상을 떠나셨다. 화장실에서 넘어지셔서 뇌출혈로 돌아가셨지만, 가족의 품 안에서 평온하게 마지막을 맞이하신 모습이 한없이 고요했다. 어느 교수님이 말씀하시길, 사랑하는 사람의 품 안에서 눈을 감는 것이 가장 품위 있는 죽음이라고 하셨다. 할머니의 마지막은 그 말씀 그대로였다.

할머니와 어머님께서 돌아가신 후, 나는 자꾸만 불효했던 기억들이 떠올랐다. 그래서 어르신 목욕 봉사를 시작하기로 했다. 인터넷으로 찾아본 봉사 모임에 등록하여, 매주 안양에 있는 장애인 목욕 봉사에 참여했다. 처음에는 힘들었지만, 목욕 후 개운해하시며 미소를 지으시는 어르신들을 보며 큰 보람을 느꼈다. 그분들을 따뜻하게 안아드리고 "힘내세요"라고 말씀드릴 때마다 마음이 뿌듯했다.

그러던 어느 날, 맞은편 2층 건물에서 식사 봉사를 부탁받았다. 방에 들어가자마자 나는 숨이 막혔다. 30명이나 되는 어르신들이 침대에 묶여 계셨다. 대부분 건강해 보이셨는데, 왜 이렇게 묶여 계신지 이해할 수 없었다. 한 어르신께서 내 손을 붙잡고 애타게 부탁하셨다.

"내 자식 번호요. 제발 연락해서 나가게 해주세요…."

눈물 맺힌 그 목소리는 마치 어린아이가 납치되어 울부짖는 듯했다. 나는 마음이 찢어질 듯 아팠다. 봉사를 마친 후, 다른 봉사자들에게 물어보니 그분들도 같은 부탁을 받았다고 했다. 분노가 치밀어 올랐다. 나는 바로 원장을 찾아가서 항의했다.

"왜 어르신들을 이렇게 대우하십니까? 멀쩡하신 분들을 왜 침대에 묶어놓고 자식들에게 연락도 못 하게 하시나요?"

원장은 담담하게 대답했다.

"자식들이 돌보지 않겠다고 해서 여기 맡긴 겁니다. 자식들에게 전화하면 제발 전화하지 말라고 하십니다. 저희는 그분들 돈 받고 할 수 있는 최선을 다하고 있습니다."

그러나 내 마음은 쉽게 가라앉지 않았다. 결국, 나는 그날 이후 봉사활동을 중단했다.

현재 어르신들은 대부분 병원이나 요양원에서 생을 마치는 것이 현실이다. 네덜란드에서는 80% 가까이 되는 어르신들이 집에서 마지막을 맞이한다고 한다. 그들은 집에서 이웃들과 텃밭을 가꾸며, 치매나 질병이 있어도 방문 치료를 받으며 지낸다. '내 집에서 늙고 죽을 권리'를 존중하는 네덜란드의 복지 정책은 우리에게 많은 시사점을 준다. 하지만 한국에서는 많은 어르신이 요양병원, 응급실, 중환자실을 오가며 불필요한 검사와 절차 속에서 생을 마감한다.

언젠가 나의 아버님께서도 몸이 좋지 않으셔서 좋은 요양원을 찾아서 모셨지만, 하루 만에 집에 가자고 전화가 왔다. 나는 아무 이유도 물어보지 않고 집으로 모시고 왔다. 아무리 좋은 시설이라도 그곳은 아버님께서 원하시는 곳이 아니었다. 부모님께서 늙어 가실 때 우리는 어떻게 해야 할까? 그분들을 어떻게 모셔야 할까? 그저 요양원에 보내는 것이 정답일까? 우리도 언젠가는 그 길을 걷게 될 것이다. 그러나 나는 다짐한다. 내가 할 수 있는 한, 내 집에서, 내 가족들과 함께 존엄을 지키며 살아가겠다. 우리 부모님께, 그리고 우리 자신에게 어떤 삶과 죽음을 남겨줄 것인가? 그 답을 진지하게 고민해야 할 시간이다.

우리 어르신들의 노후를 생각하면, 가장 안타까운 이야기가 떠오른다. 요즈음 '노후에 불쌍한 사람 시리즈 톱3'로 불리는 이야기가 있다.

> 1위는 자식에게 집과 재산을 모두 넘기고 나서 자식에게 구박당하며 사는 어르신.
> 2위는 손주를 돌보느라 자신을 위한 시간도 없이 사는 어르신.
> 3위는 70이 넘어서 젊은 여자와 재혼해 재산을 이전한 후, 그 젊은 여자가 다른 남자와 바람이 나 결국 홀로 쫓겨난 어르신.

자식들을 위해 평생을 바치고, 그 결과 외면당하는 어르신들. 참으로 가슴 아픈 현실이다. 어쩌면 우리에게 필요한 것은 집에 텅 빈 금고 하나를 두는 것일지도 모른다. 비밀번호는 절대 알려주지 말고, 자식들이 금고 속에 뭐가 있을지 궁금하게 만들어 자주 찾아오게 하는 것이다. 한때 나는 큰 어려움에 부딪힌 적이 있었다. 회사를 망하고 중소기업 강의를 다니던 시절, 아내와 사소한 말다툼 끝에 이런 말을 들었다.

"그럴 거면 나가세요!"

그 말이 몇 번 반복되자, 나는 진짜로 집을 나왔다. 원룸을 계약하고, 침대와 책상을 인터넷으로 주문한 후 혼자 살기 시작했다. 밥 문제는 된장찌개를 잘 끓이던 내 실력 덕에 큰 어려움이 없었다. 혼자 살면서도 자유로웠다. 내가 먹고 싶은 것을 해먹고, 하고 싶은 일을 하면서 홀로 있는 시간이 편안했다. 어느 순간 자연인 프로그램을 보며 그들의 고요한 삶을 동경하기까지 했다. 그러다 1년쯤 지나 아내가 연락이 왔다.

"왜 그러고 사세요? 이제 그만 들어오세요."

하지만 나는 단호하게 말했다.

"들어오라 할 거면 나가라 하지 말지!"

몇 번 더 들어오라는 말에, 못 이기는 척하며 집으로 돌아왔다. 그런데 그 사이에 배운 게 하나 있었다. 바로 요리였다. 인터넷에서 요리법을 찾아보며 김치도 담그고, 반찬도 만들어 먹었다. 아내에게 의지하지 않고도 떳떳하게 살 수 있는 자신감이 생긴 것이다.

나는 어르신들께 말씀드리고 싶다. 나이가 들었다고 해서 삼식이(세 끼 밥만 기다리는 사람) 취급을 받으며 살 필요는 없다. 우리도 요리를 배우고, 스스로 밥을 차려먹으며 당당하게 살아가야 한다. 조금만 노력하면 누구나 할 수 있다.

우리 어르신들께서도 자기만의 꿈과 목표를 가져야 한다. 어르신들의 가장 큰 문제 중 하나는 손주 돌보기이다. 맞벌이 부부가 늘어나면서 손주를 돌봐야 하는 경우가 많다. 평안한 노후를 즐기고 싶지만, 자녀들을 위해 희생해야 하는 상황이 자주 생긴다. 물론 손주를 돌보는 기쁨도 있지만, 보상 없이 계속해서 책임을 지다 보면 결국 지치고 피곤해진다.

그러니 자녀들에게 분명히 말해야 한다. 한 시간에 1~2만 원씩은 받아야 한다고. 그것이 정신 건강에도, 노후 생활에도 훨씬 좋다. 손주 돌보기에 자신의 삶을 내주기보다는, 스스로의 꿈을 가지고 살아야 한다. 여행도 다니시고, 하고 싶은 일들을 하시며 행복하게 살아야 한다. 이제는 100세 시대가 도래했기 때문이다. 하지만 그만큼 노후 자금이 필요하다. 10억 정도는 있어야 한다고들 말한다. 그러나 현실은 집 한 채 달랑 있는 어르신들이 많다. 자녀 결혼을 위해 집을 팔아 대출을 받기도 하고, 원하던 삶을 포기하기도 한다.

나는 자녀들에게 일찍부터 고기 잡는 법을 가르쳤다.

"너희가 열심히 일해서 장가도 가고, 집도 장만해라. 아빠는 너희에게 그 방법을 알려줄 테니, 알아서 해라."

이렇게 말하며 자녀들이 스스로 살아가도록 키웠다. 아이들이 중학교 때부터는 집에서 가족회의를 했다. 한 달 동안 해야 할 일을 쓰고, 가족회의 할 때 앞에 나가 발표하라고 했다. 아이들은 매우 싫어했지만, 나는 계속했다. 그것이 훗날 고기를 잡을 수 있는 방법을 배우는 거라고 생각했기 때문이다. 한 달 동안 해야 할 목표를 쓰고, 한 달 후 가족 앞에서 발표하게 했다. 마치 소규모 회사를 운영하듯이 말이다. 아이들은 투덜거리면서도 결국 앞에 나가서 발표를 했다. 그것이 어쩌면 지금 회사를 운영하는 데 큰 도움이 되었을 거라고 생각한다. R&D 과제를 신청하면 1차 서류 심사에 합격하고, 2차 PT 발표에서 수주에 실패한 적이 없기 때문이다. 발표를 해야 하는 상황에서, 예전에 익힌 발표 습관들이 큰 도움이 된 것이다. 그 결과, 둘째는 자립하여 스스로 집을 마련했고, 첫째도 곧 집을 장만할 것이다. 이제 나는 평안하다. 자녀들에게 손을 벌리지 않고, 베풀고, 행복하게 사는 것이 나의 목표이다. 나는 아직도 꿈도 많고, 이루고 싶은 일들이 많다. 지금 자영업자와 중소기업체가 너무 많이 망해가고 있는데 대해 늘 안타깝다. 준비도 없이 지식도 없이 전문 교육도 안 받고 남 따라하다가 망하는 사람들을 너무나도 많이 보았다. 영업사관학교를 만들어 그들에게 영업교육과 경영교육을 시켜 망하지 않고 성공하는 방법을 알려주고 싶다.

최근 들어 폐교가 많이 생기고 있다. 나는 폐교를 영업사관학교로 만들고자 공무원들과 상의도 하였고 폐교 입찰을 볼까 생각하기도 했는데 나 혼자 하기에는 너무 큰 부담이 가는 사업이었다. 그래서 실험적으로 유명 협상 전문가와 함께 영업사관학교 1기, 2기를 자비로 운영하여 30명 정도 되는 인원을 배출하였다. 언젠가는 영업사관학교를 만드는 나의 꿈을 실현할 것이다. 전국에 있는 폐교를 영업사관학교로 만들어 그 지역의 자영업자와 중소업체 임직원들을 교육한다면 지금처럼 망하는 자영업자와 회사는 없을 거라고 확신한다. 남은 인생, 어떻게 살아갈 것인가?

우리는 지금부터 준비해야 한다. 이제 우리의 노년은 단순히 돌봄의 대상이 아니다. 손주를 돌보며 자신의 삶을 포기하는 대신, 당신의 꿈을 꾸고, 새로운 기술을 배우고, 선한 영향력을 나누는 삶을 시작해야 한다. 고기 잡는 법을 자식에게 가르치려 했던 것처럼, 우리 스스로도 존엄하게 살아가는 법을 배우고 실천해야 한다. 내가 사랑하는 가족에게 남겨주고 싶은 것은 물질적인 유산이 아니라, 삶의 마지막 순간까지도 당당하고 행복하게 살았던 나의 모습이다. 나는 몇 년 전부터 매년 아내와 자녀, 며느리의 생일마다 돈 봉투와 함께 직접 손편지를 써서 보낸다. 언젠가 나는 이 편지들을 한 권의 책으로 엮을 것이다. 매년 10개의 편지를 20년 동안 쓰면 200페이지에 달하는 훌륭한 책이 될 것이다. 그리고 가족들에게 이 책을 선물할 것이다. 그때 우리 가족들은 내가 얼마나 그들을 사랑했고, 내 삶을 얼마나 소중하게 여겼는지 알게 될 것이다. 그렇게 우리 모두가 존엄한 삶의 마지막 페이지를 스스로 써내려갈 수 있기를 소망한다. 그럴 때, 삶은 그 자체로 가장 아름다운 유산이 될 것이다.

2장

나쁜놈은 악악악

66

폐업, 파산

99

남의 이야기인 줄만 알았던 폐업과 파산. 그것은 나의 이야기였다.

2007년 말 대기업을 그만두고 2008년에 중소기업체 부사장으로 자리를 옮겼다. 사장은 젊은 분이었는데 참 대단한 사람이었다. 직원들의 어려움을 헤아릴 줄 알았고, 건강은 물론 가정의 대소사까지 늘 챙겼다. 한번은 직원의 부인이 병원에 있다는 소식을 듣고 직접 찾아가 위로금까지 몰래 전해주고 오는 분이었다. 내가 부사장으로 취임한 뒤, 회사를 위해 무엇을 하며 좋겠느냐고 묻자 사장은 뜻밖의 답변을 해 나를 깜짝 놀라게 했다.

"그냥 노세요!"

사장은 대기업에서 열심히 일해 온 나를 알기에, 그냥 놀라고 했다. 내가 직장 생활을 하며 만나본 이들 중에 가장 통이 크고 직원들을 배려해주는 분이었다. 하지만 나는 정말 열심히 일했다. 아침 6시에 일산을 나서면 성남에 8시쯤 도착했고, 일주일에 서너 번은 밤 10시가 넘어 퇴근했다. 제안입찰을 하는 경우가 많아 직원들의 야근이 잦았는데, 먼저 퇴근을 하는 것이 미안하여 늦은 시간에 통닭과 캔 맥주 1개씩을 시켜 주고 나서야 퇴근을 했다.

내가 대기업에서 익힌 제안입찰은 중소기업에서 큰 힘이 되었다. 5년 동안 매출 100억을 넘지 못한 회사였는데, 97억이었던 매출이 불과 1년 만에 300억으로 크게 성장했다. 모든 직원이 열심히 하였고 사장이 믿고 맡긴 결과였다. 사장님은 나의 연봉을 1년 만에 2배로 올려 주었고 성남에 원룸까지 얻어 주었다. 그리고 자회사를 하나 만들어 지분의 40%를 내게 주었다.

그런데 회사가 지속 성장하던 3년 차 되던 해에 나는 회사를 운영해 보고 싶은 욕심이 생겼다. 나도 사장이 되고 싶었다. 나는 회사 지분 40%를 무상으로 제공해준 사장님에게 사장님 지분의 60%를 현찰로 줄 테니 회사를 달라고 설득하였다. 지금 돌아보면, 분명 도둑놈 심보였다. 월급도 올려주고 모든 것을 지원해 주었으니, 사장님으로서는 나에 대한 실망이 무척 컸을 것이다. 사장님은 기가 막혀 하면서도 결국 나의 요구에 응해 주면서 이렇게 말했다.

"부사장님, 영업을 잘하더라도 경영은 또 다른 영역입니다. 쉽지 않을 겁니다."

그때의 나는 사장이 되고 싶다는 열망이 너무 컸기에, 자신감으로만 가득 차 있었다. 역세권의 좋은 장소에 사무실을 크게 얻었고, 직원도 대기업 출신과 카이스트 출신까지 뽑아서 번지르르하게 사업을 시작하였다. 1년 만에 매출을 35억이나 올렸다. 그리고 직원들에게 잘해줘야 한다는 생각에 매달 상품권을 지급하고 책값까지 지원하는 복지 정책을 마련했다.

그러나 1년이 지나면서 악몽이 시작됐다. 지금 돌아보면, 그 도전은 지나치게 무모했다. 경영에 대한 경험이 전무한 상태에서 영업에 대한 자신감만 가지고 도전했던 것이다. 대표가 되고 나서야 사람 관리가 얼마나 어려운 일인지 알게 되었다. 사업은 결국 사람을 어떻게 관리하느냐에 달려 있다는 사실도 그때서야 깨달았다. 사업이 이렇게 어려운 일인지, 지난 3년 동안 나는 정말 죽다 살아난 듯한 시간을 보냈다. 영업을 열심히 한 덕분에 매출은 보장이 된다고 믿었다. 그런데 그 당시 경기가 안 좋아 수주한 건설회사가 부도가 났다. 아파트에 들어가는 월패드용 음성인식 소프트웨어를 공급하는 사업이었는데, 발주처의 부도로 자금 운용에 큰 차질이 생긴 것이다.

영업에는 자신이 있다고 자부하던 내가, 어느 순간 돌아보니 매일 직원들 월급을 마련하러 다니고 있었다. 직원들에게는 가족이 있었기에 급여를 주지 못하면 어쩌나 하는 걱정 속에서 여기저기 돈을 빌리기 시작했다. 매출은 안 올랐고, 은행에서는 지점장과 책상을 치며 싸웠지만 매출이 없다는 이유로 5천만 원의 대출도 받을 수 없었다. 버티다 버티다 도저히 버틸 수 없는 지경에 이르렀다. 결국 3년 만에 회사 문을 닫았다. 말로만 듣던 '폐업'을 내가 실제로 당해보니 하늘이 무너지는 것 같았다. 나를 잘랐던 회사를 돈을 벌어 사겠다고, 미친 사람처럼 되뇌었는데…. 그렇게 큰소리치던 내가 망하다니, 믿기지 않았다. 그래도 직원들 월급은 다 주었기 때문에 다시 일어설 수 있으리라 생각했다.

그런데, 회사를 폐업하니 내 빚이 7억이나 되었다. 연대보증 선 것이 고스란히 내 채무로 남은 것이다. 하루하루 은행의 압박이 조여 왔다. 하루에도 수없이 걸려오는 전화에, 나는 "갚을 테니 걱정하지 마세요!"라고 큰소리를 쳤다. 나는 돈 떼먹을 사람이 아니니 기다려 달라고 애써 말했다. 하지만 가족에게까지 쌍욕을 해대는 것을 보고는 마음이 약해지기 시작했다. 오히려 큰 돈을 빌려준 사람들은 가만히 있는데 몇백만 원을 빌려준 사람들은 정말이지 필사적이었다. 안면을 몰수한 채, 끝내는 집사람에게까지 차마 입에 담기 어려운 말들을 퍼부었다. 나는 무릎을 꿇고 매일 기도를 했다. 기도하면서 흘린 눈물이 한 양동이는 됐다. 그런데 한 가닥 희망이 보였다. 누가 파산선고를 하라고 한다. 그러면 면책이 된단다. '그런 좋은 제도가 있다고?' 나는 법무사를 바로 찾아가 서류를 냈다. 생각외로 복잡했다. 모든 빚을 사실대로 기재하고 우선 있는 돈으로 변제를 해야 하는 것이었다. 집을 팔고 차도 팔았다. 최소생계비용만 남기고 나머지는 모두 빚을 갚는 데 썼다. 그리고 반지하, 귀신이 나올 것 같은 곳에 집을 얻었다. 그리고 배운 가닥이 있어서 가족을 모아놓고 가족회의를 하였다. 그때 회의 모습이 지금도 눈에 선하다. 둘째 아들이 막 군에 입대할 때였다. 나는 큰소리부터 쳤다.

"걱정하지 마. 내가 다시 일어날 거니. 그래도 영업을 하던 놈인데 무얼 못하겠어? 3년 안에 일어날 테니 날 믿어…."

작은아이가 이야기한다.

"아빠! 아빠는 내가 군에 갔다 오면 다 해결돼 있을 거야!"

그때 나를 믿고 아들이 해준 한 마디가 큰 힘이 되었다. 남들 같으면 "이게 뭐야?" 할 텐데 고마웠다. 눈물이 핑 돌았다.

"그래, 걱정하지 말아라."

큰아이가 이야기한다.

"아빠, 이제 뭐 할 거야?"

"응? 글쎄, 아직 생각해 본 게 없는데….'

"아빠, 교육해 봐라. 대기업도 다녔고 중소기업도 다녔고 성공도 해봤고 실패도 해봤으니 교육하면 잘할 거야!"

"야 인마, 무슨 교육을 해! 교육 잘하는 사람이 얼마나 수두룩 빽빽한데! 못해 인마….'

집사람에게도 물어보았다.

"여보, 올 한 해 얼마 벌어주면 좋겠어?"

집사람은 못 미더운 목소리로 "3천만 원은 있어야 귀신 나오는 집에서 나갈 수 있지요"라고 말했다.

"그래, 알았어. 올 한 해 3천만 원 벌어다 줄게!"

집사람이 고마웠다. 돈도 하나도 없고 차도 없고 먹을 쌀 한 톨 없는데 불평 한마디 없이 나를 묵묵히 지원해 주었다. 다른 사람이었으면 도망갔을 것이다. 가족회의를 마치고 밖에 나왔다. 그날따라 하늘이 맑았다. 밤하늘을 바라보는데 갑자기 눈물이 주르륵 흘렀다.

'왜 울어?'

나는 울지 않으려고 노력하였다. 그런데 하염없이 눈물이 계속 흘렀다.

그런데 이제는 울 시간도 없었다. 당장 집에 쌀 한 톨도 없는 상황이었기에 울 여유가 없었다. 그런데 아무리 생각해도 할 게 없다. 그러던 어느 날 큰아이의 말이 떠올라 중소기업에 다니며 교육을 한번 해보기로 했다. 다음 날 무작정 아는 회사 대표를 만나서 직원들에게 필요한 교육을 시키겠다고 제안하였다. 대표들은 나를 물끄러미 쳐다보더니 "아, 바빠요. 교육할 시간이 없을 것 같아요"라고 했다. 그저 다음에 시간이 되면 연락하겠다고 했다. '다음에'라는 말은 사실상 거절이라는 것을 잘 알고 있었다. 하루 종일 5명의 대표를 만났는데 돌아온 것은 퇴짜뿐이었다. 영등포에서 버스를 타고 집에 오는데 기운이 없었다.

다음 날에도 나는 대표들을 만나러 나섰다. 그날은 7명을 만났고, 결과는 모두 같았다. 그들은 "파산한 놈이 무슨 능력이 있다고 교육을 하냐?"고 말하는 것 같았다. 나는 전략을 바꾸기로 했다. 무료로 교육을 하기로 했다. 나는 회사 사장을 만나서 먼저 이야기하였다.

"대표님, 직원들 무료로 교육을 해 드릴게요! 1시간만 좀 내주세요!"

대표들은 나를 또 물끄러미 쳐다보았다. 그리고 물어보았다.

"무슨 내용을 가르칠 건네요?"

그제서야 깨달았다. 나는 무슨 내용을 가르칠지조차 정하지 않은 채 말을 꺼냈던 것이다. 나는 임기응변으로 이야기하였다. 싸움에서 이기는 방법을 가르쳐 주겠다고 하였다. 그러자 "그럼 시간이 없으니 간단히 1시간 이내로 하세요"라고 하였다.

나는 3일 동안 '이기는 방법'에 대한 교재를 만들었다. 마침 『이기는 습관』이라는 책이 있었다. 전옥표 씨라는 삼성전자 출신의 사람이 쓴 책인데 내용이 좋았다. 나는 그 내용을 바탕으로 40장의 PPT를 만들었고, 여기에 나의 경험까지 섞어서 50장을 만들었다. 이것만 교육하면 교육생들이 뿅 가겠다고 생각했다.

드디어 교육하는 날, 나는 목소리를 최대한 키워 한 장 한 장을 빠르게 설명하기 시작했다. 너무 장수가 많아 거의 오토바이를 타고 가는 듯한 수준이었다. 다다다다다다다다….

그런데 어쩌다 뒤를 돌아 보면 교육생들은 모두 딴짓을 하고 있었다. 나 혼자 칠판을 보고 떠들고 있었다. 다 끝나고 나니 온몸이 땀에 젖어 있었다. 반응은 너무나 싸늘했다. 집에 오는 길에 '왜 싸늘했을까?'를 연신 생각했다. 그런데 오랫동안 생각할 여유가 없었다. 당장 내일 또 교육이 잡혀있었기 때문이었다. 5개 회사 교육을 무료로 진행했지만 교육성과는 거의 제로였다. 쓸데없이 시간만 뺏겼다는 눈치였다. 사장들의 반응도 싸늘하였다. 그렇게 할 거면 다음에는 오지 말라는 눈치였다.

나는 전략을 바꿨다. 그냥 앞을 보고 나의 이야기를 하기로 했다. 어느 날은 장표를 보지 않고 앞을 보고 교육생들의 눈을 바라보며 이야기를 했다. 교육 반응이 괜찮았다는 생각이 들었고 기분도 괜찮았다. 교육이 끝난 뒤, 엘리베이터를 타려고 서 있는데, 교육 담당 부장이 뛰어오면서 봉투를 하나 주었다.

"이게 뭐예요?"

"사장님이 주랬어요!"

"아니에요. 무료로 하기로 했어요. 다시 가지고 가세요!"

도로 보냈다. 잠시 후 그가 다시 뛰어왔다. 그러고는 내 호주머니에 봉투를 넣고 갔다. 나는 잠시 고민했다. '돌려주어야 하는 거 아닐까?' 고민하고 있는데 우르르 사람 틈에 떠밀려 엘레베이터를 탔다. 신도림역까지 와서 영등포로 향하는 전철을 갈아타려고 내렸다. 신도림역 계단을 올라가면서 호주머니 속이 궁금했다. 손으로 만져보니 봉투가 조금 두툼했다. 나의 실력을 알기에 교통비로 5만 원 정도 주었을 거라고 생각했다. 1시간 정도 강의이니 말이다. 그런데 봉투를 보고 돈을 세어보니 30만 원이었다. 깜짝 놀랐다. 그리고 나도 모르게 봉투에 눈물이 뚝 떨어졌다. 영등포로 가는 기차를 기다리는데 눈물이 계속 흘렀다. 전철을 탔는데도 멈추지를 않았다. 손수건으로 코를 풀면서 계속 울었다. 정말이지 미친놈처럼 전철 안에서 *끄억끄억* 소리를 내며 울었다. 영등포역에 도착해서야 울음이 멈추었다. 내 평생 가장 오랫동안 눈물을 흘린 순간이었다. 20분 이상을 울었으니 말이다.

그때부터 나는 30만 원짜리 강사라고 스스로를 인정하며 뛰었다. 100개 회사를 교육하니 1년 만에 집사람과 한 약속을 지키게 되었다. 통장에 3천만 원이 찍힌 것이었다. 작은아이가 전역할 때까지 사업 기틀을 마련해야겠기에 더 열심히 뛰었다. 하루 24시간이 모자랐다. 아침 5시에 일어나서 새벽 2시 정도에 잠을 잤다. 아침에는 교육을 해야 했기에 허기가 지면 안 됐다. 그래서 교육하는 회사 근처 편의점에서 삼각김밥 한 개를 사서 먹었다. 우유 살 돈도 없어서 항상 집에서 물을 가지고 다녔다. 교육이 끝나면 대표들을 만나서 영업을 해야 했다. 다음번 교육 일정을 잡아야 했기 때문이었다. 저녁 7시 정도까지 영업을 한 후 집에 돌아와서 교육자료를 준비하는 일상이 반복되었다. 정말로 하루 24시간이 모자랐다. 그렇게 한 푼, 두 푼 모은 돈으로 다시 사업을 준비했다. 그리고 마침내 나의 회사를 설립하였다. 회사를 설립하자 둘째 아들이 제대를 하였고 아이가 말한 대로 전역할 때 모든 것이 해결되어 있었다. 그리고 나는 가족들 덕분에 다시 일어날 수 있었다. 폐업과 파산이라는 고통의 시간에서 얻은 깨달음은 단순했다. 남을 좇지 말고, 내가 전문가가 되어야 한다는 것이었다. 유행을 따르는 것은 단기적인 성과를 줄 수 있지만, 결국 경쟁 심화와 차별성 상실로 폐업의 길에 들어서기 쉽다. 당시 나는 아무도 눈여겨보지 않던 미세전류라는 영역에 전부를 걸었고, 그것이 결국 나의 성공으로 이어졌다. 나는 미세전류의 원리와 기술을 2년간 깊이 파고들어 누구보다 이 분야를 잘 아는 사람이 되었다. 미세전류 논문을 가장 많이 쓴 나사렛대학교 조OO 교수님을 찾아가 조언을 구하고, 논문을 통해 이론적 확신을 얻었다. 미세전류가 세포재생, 혈액순환, 통증완화 개선에 효과가 있다는 과학적 사실을 기반으로 웨어러블 제품으로 틈새시장을 창출했다. 현재 우리 회사의 미션은 전 인류의 통증 고통 해방이며, 비전은 각 가정에 우리 회사 제품을 한 개씩 보급하는 것이다. 향후 우리 회사는 미세전류 선도회사가 될 것이다.

나와 같이 어려움을 겪고 있는 모든 자영업자와 회사 사장들에게 진심으로 전하고 싶은 말이 있다. 지금 당신이 서 있는 이 순간이 인생과 사업 여정에서 가장 어두운 터널처럼 느껴질지 모른다. 나도 폐업과 파산이라는 터널 속에 진입했을 때 정말로 깜깜했고 아무것도 보이지 않았다. 하지만 터널은 끝이 있기 때문에 터널이라 불린다. 부디 포기하지 말고, 다시 일어설 힘을 스스로에게 허락해주길 바란다. 당신의 분야에 깊이 빠져들고, 누구도 따라올 수 없는 당신만의 전문성을 쌓아가라. 남을 좇는 발걸음에는 한계가 있지만, 스스로 길을 내는 사람에게는 제한이 없다. 지금의 고통이 훗날 당신의 가장 강력한 무기가 될 것이다. 어쩌면 지금 이 순간이, 당신 미래의 성공을 만든 결정적 전환점일지도 모른다.

힘을 내십시오.
당신은 해낼 수 있습니다.
그리고 반드시 해낼 것입니다.

고소·고발 공화국

남의 이야기인 줄만 알았던 폐업과 파산을 하고 재기를 위해 작은 중고차 하나를 구입하였다. 어느 날 주차 공간이 없어 연립주택 앞에 차를 세워 두었다. 집에 와서 샤워를 하고 있었는데 차를 빼 달라고 전화가 왔다. 연립주택 앞이지만 도로변이라 괜찮다고 생각하고 주차했는데, 나가 보니 젊은 친구가 빨리 차를 빼라고 거칠게 나왔다. 나는 화가 나서 "이게 너의 땅이냐?"라고 하였다. 결국 이 말이 도화선이 되어 말싸움이 시작되었고, 점점 격해지면서 입에 담기 힘든 욕까지 듣게 되었다. 여러 사람이 말리는 와중에, 그 젊은이는 "차는 X 같은 거 타고 다니는 XX가 지랄하고 있다"고 하며 나를 자극했다. 나는 아들 뻘 되는 사람에게 처음으로 욕을 듣고 멘붕이 왔다. 동네 사람들 앞에서 겪은 모욕은 참을 수가 없었다. 나는 집에 돌아와 칼을 들고 나갔다. '이 XX 죽여 버리겠다'라고 생각하며 신발을 신고 나가려는 순간, 문득 '내가 감옥에 가면 우리 가족은 어떻게 되지?' 하는 생각이 들었다. 막 파산의 쓴맛을 본 나에게 이 공포는 모든 것을 잃을 수 있다는 더 큰 두려움이었다. 잠시 고민하다가 칼은 내려놓고 그 젊은이를 찾아갔다. 연립주택이라 집이 몇 채 안 되어 금방 찾을 수 있었다. 방에 들어가니 어머니와 단둘이 살고 있는 듯했다. 그의 몸에는 문신 자국이 있었는데, 당시에는 보통 사람들은 문신을 하지 않던 시기였다. 나는 그를 향해 말했다.

"내가 처음에 반말로 이야기한 것은 미안한데, 그렇다고 쌍욕을 하는 것은 옳지 않은 것 같다. 같은 동네에 사니 화해하러 왔다." 어머니는 옆에서 연신 죄송하다고 하시며 사과를 요청했고, 젊은이는 마지못해 사과를 했다. 하지만 집에 돌아와도 분이 풀리지 않았다. 그래서 법적 조치를 알아보니 모욕죄로 고발할 수 있다고 한다. 많은 사람들 앞에서 젊은이가 욕을 했기 때문에 모욕죄가 성립될 수 있었다. 증거도 있으니, 고발할까 하는 생각이 들었다. 하지만 결국 고발하지 않았다. 화해도 했고, 경찰서를 들락날락할 시간적 여유도 없었기 때문이다.

우리는 "법대로 하자"라는 말을 너무나 익숙하게 사용한다. 이웃 간의 사소한 다툼, 직장 내 언쟁, 심지어 친구와의 오해까지도 법정에서 시시비비를 가리려는 경향이 짙어졌다. 사람들은 작은 갈등조차도 대화와 타협 대신 '법적 대응'을 선택하고 있다. 하지만 과연 이런 법적 대응이 문제를 제대로 해결하고 있는 걸까? 아니면 오히려 사회를 더 큰 불신과 갈등의 늪으로 몰아넣고 있는 걸까?

어느새 한국은 '고소·고발 공화국'이라는 불명예스러운 이름을 얻게 되었다. 고소·고발 건수는 2010년대 초반 연간 약 50만 건에서 2023년에는 72만 건으로 급증했다. 하루 평균 2,000건, 월 60,000건의 고소장이 접수되는 셈이다. 같은 기간 일본의 월평균 고소·고발 건수는 약 1만 건 수준으로, 한국은 일본보다 6배 높은 수준이라고 한다. 이는 범죄율의 문제가 아니라, 작은 갈등도 대화와 타협 없이 법에 의존하는 경향이 강해졌음을 보여준다.

인터넷과 SNS의 발달도 고소·고발 확산에 큰 역할을 했다. 온라인에서는 익명성이 보장된 채 감정적 발언이 쉽게 오가고, 허위 사실 유포와 명예훼손 사건이 빈번하게 발생한다. 유명 연예인이 악플러들을 고소해 수십 명이 법정에 서게 되는 일은 이제 일상이 되었다. 과거에는 단순한 비난으로 넘어갔을 일이 이제는 곧바로 법적 대응으로 이어지는 경우가 많다.

그렇다면, 이러한 고소·고발 남용은 사회에 어떤 문제를 일으키고 있을까? 우선, 사법부의 업무 과부하가 심각하다. 하루에도 수십 건의 사건을 처리해야 하는 판사들은 사건 한 건당 평균 5분 내외의 심리 시간을 배정받는다.

더 나아가, 법적 대응이 일상화되면서 사람들 간의 신뢰가 무너지고 있다. "언제든지 나를 고소할 수 있다"는 불안감이 사람들 사이에 팽배해지면서 이웃 간의 작은 갈등, 동료 간의 불신, 가족 간의 다툼도 쉽게 법정으로 이어지고 있다. 대화와 타협이 사라진 사회는 점점 더 삭막해지고, 사람들은 점차 감정적으로 예민해지고 있다. 이러한 현실이 지속된다면, 한국 사회는 더욱 삭막해질 것이다. 사소한 갈등을 대화와 타협으로 해결하기보다는, 감정적으로 법정에서 싸우는 문화가 만연해진다면, 한국은 "고소·고발"의 전쟁터가 될지도 모르겠다. 내가 생전 처음으로 법정에 서게 된 날, 나는 혼란스러움과 분노를 동시에 느꼈다. 모든 일은 '계약서' 때문이었다. 상대 회사가 우리 회사에 월 50만 원을 주고 6개월 동안 컨설팅 계약을 했고, 나는 최선을 다해 1차 서류 심사까지 통과시켰다. 우리 회사의 컨설팅 내용은 1차 서류 통과까지였고, 2차 PT는 해당 회사에서 직접 진행하는 것이었다.

그러나 그들은 2차 발표에서 떨어졌다는 이유로 추가 6개월간 무료로 컨설팅을 해달라고 요구했다. 나는 거절했지만, 그들은 느닷없이 계약서에 '성공할 때까지 지원해주기로 했다'는 내용을 근거로 나를 고소하겠다고 했다. 계약서를 다시 살펴본 순간, 그 문구가 실제로 포함되어 있는 것을 보고 깜짝 놀랐다. 나는 담당자에게 도장을 맡겼고, 담당자는 그들이 악의적으로 수정한 계약서를 보지도 않고 도장을 찍은 거였다. 할 수 없이 6개월을 무료로 지원하여 주었는데 또 2차에서 떨어졌다. 그런데 또 지원해 달라고 한다. 나는 해줄 수 없다고 하였고 그 회사는 결국 우리 회사를 고발했다. 컨설팅 비용 300만 원을 돌려받으려는 상대방의 태도에 나는 어처구니가 없었다. 처음에는 '법정에서 진실이 밝혀지면 금방 해결되겠지'라는 기대를 품고 있었다. 그러나 법정에 가자마자 내 생각이 얼마나 순진했는지 깨달았다. 법정 서류 제출과 반박, 추가 자료 제출의 과정이 세 번 반복되자, 나는 점점 지쳐갔다. 법정 출석 준비에 시간을 빼앗기다 보니 회사 업무는 뒷전이 되었고 온몸이 피곤해졌다.

어느 날, 또다시 법정에 출석했을 때였다. 재판이 시작된 지 채 5분도 안 되어 판사는 짧게 말했다.

"다음 기일로 연기하겠습니다."

믿을 수 없었다. 그 순간 나는 허탈감에 털썩 주저앉고 싶었다. '이게 무슨 정의야? 이러려고 내가 여기에 왔나?' 내 안에 쌓여있던 분노와 좌절이 한꺼번에 터져 나올 것 같았다. 결국, 나는 담당 판사에게 억울함과 분노를 담아 편지를 썼다.

"제발 이번 재판을 더 이상 끌지 말고, 공정한 판결을 빨리 내려 주시길 간곡히 부탁드립니다."

그 후, 법정에서 상대와 마주하게 된 날이었다. 그가 복도에서 아무일 없다는 듯 나를 쓱 지나가려 하자, 참을 수 없는 분노가 폭발했다. 나는 그의 멱살을 잡아 끌며 소리를 질렀다.

"야, 이 XX야. 무료로 6개월이나 도와줬는데도 나를 고소해? 창피하지도 않냐?"

주변 사람들이 나를 말리기 시작했고 결국 청원경찰까지 왔다. 나는 이성을 잃고 그의 멱살을 잡고 흔들었다. 그 순간, 억울함과 분노뿐 아니라 나 스스로가 법정에서 추락하는 모습에 대한 절망감까지 느꼈다.

결국, 그 긴 싸움의 끝에서, 상대방의 주장은 '기각' 처리되었다. 법적으로 나는 이겼지만, 싸움이 끝난 후 남은 것은 공허함뿐이었다. 진정한 승리는 어디에 있는가?

이 두 번의 경험은 나에게 한 가지 교훈을 주었다. 처음 주차 시비에서 칼을 내려놓고 대화를 선택했을 때, 나는 화해를 얻었다. 반면, 계약서 문구 하나 때문에 시작된 법적 다툼은 '이기는 것' 이상의 상처와 시간 낭비만을 남겼다. 우리 사회의 고소·고발 중 상당수는 대화와 양보로도 해결될 수 있는 문제다. 서로 이해하려 노력했더라면, 법정에 설 일도 없었을 것이다. 그러나 지금은 너무도 쉽게 "법대로 하자"라는 말이 오간다. 작은 갈등이 생겼을 때 법적 대응을 바로 생각하기보다는 먼저 대화를 시도해 보자. 예를 들어, 상대방에게 "우리 잠시 이야기해 볼까요?"라고 말해 보는 것이 법정에서의 긴 싸움보다 훨씬 큰 변화를 이끌어 낼 수 있다고 본다. 대화의 시작이 갈등 해결의 중요한 첫걸음이 될 수 있다.

그리고 법적 분쟁을 줄이기 위해 법적 대응 이전에 조정과 화해를 시도하는 문화가 자리 잡아야 한다. 예를 들어, 독일에서는 소송 전에 화해위원회를 거쳐야 하고, 미국에서는 대안적 분쟁 해결(ADR) 시스템을 통해 법적 절차에 들어가기 전에 중재나 협상, 조정을 권장한다. 한국도 이러한 조정과 대화의 문화를 확산시키는 것이 필요하다.

법정에서의 승리는 결국 누구에게도 완전한 승리가 아니다. 판결이 끝나도 마음속 상처는 오래 남고, 관계는 회복되기 어렵다. 그래서 나는 다시 한번 강조하고 싶다. 진정한 승리는 법의 칼날이 아닌, 대화의 손길에서 시작된다. 우리 사회가 앞으로 나아가기 위해 필요한 것은 거창한 제도가 아니라, 먼저 손을 내밀어 보는 작은 용기라고 믿는다. 갈등이 생겼을 때 법정으로 달려가지 말고, 잠시 멈춰 서서 이렇게 말해보자.

"우리, 잠시 이야기해 볼까요?"

그 한마디가 서로의 오해를 풀고, 상처를 줄이며, 법이 아닌 사람으로 해결하는 길을 열어준다.

나 또한 과거에 칼을 들고 나가겠다는 각오로 뛰쳐나가려 했던 순간이 있었다. 하지만 직접 만나 대화를 나누자 모든 갈등이 풀렸고, 그 경험은 내 인생에서 가장 값진 깨달음이 되었다.

지금 이 글을 읽는 당신도 똑같은 선택을 할 수 있다. 그리고 그 선택은 여러분의 삶을 더 단단하고 따뜻하게 만들어 줄 것이다. 대화를 선택하는 사람에게는 분쟁 대신 평화가 찾아오고, 갈등 대신 새로운 기회가 열린다. 우리 모두가 '법이 아닌 대화로, 적이 아닌 이웃으로' 문제를 해결하는 문화를 만들어간다면, 한국 사회는 훨씬 더 따뜻하고 성숙한 공동체가 될 것이다.

66

보이스피싱

99

2025년 겨울, 평소처럼 무심코 아침 신문을 펼치던 손이 멈췄다. 헤드라인은 충격 그 자체였다.

"쿠팡 고객 3,370만 명 개인정보 유출"

내가 일상처럼 이용하던 거대 플랫폼, 그 믿음의 기반이 송두리째 흔들리는 순간이었다. 3,370만 개라니, 대한민국 성인 인구 대부분이 포함될 수 있는, 상상조차 하기 힘든 규모였다. 유출된 정보에는 이름, 전화번호, 배송지 주소, 심지어 일부 주문 정보까지 포함되어 있다는 사실에 등골이 오싹해졌다. 범죄자들에게 이 정보는 금고를 여는 열쇠가 아니라, 피해자의 마음을 여는 맞춤형 대본이 되어줄 것이 분명했기 때문이다. 나는 이 사건이 단순한 해프닝으로 끝나지 않을 것이라고 본다. 앞으로 보이스피싱 범죄가 폭발적으로 늘어날 가능성이 크다. 유출된 정보는 단순한 데이터가 아니라, 보이스피싱 범죄자들의 완벽한 설계 도구가 되기 때문이다. 더욱 충격적인 것은, 이 모든 일이 외부 해킹이 아닌 퇴사한 중국 국적의 내부 직원 소행으로 추정된다는 점이다. 내부 관리의 허점이 전 국민적인 불안을 야기했다는 사실에 분노를 넘어선 무력감마저 느꼈다. 이름과 주소, 내 구매 패턴까지 아는 사람이 전화를 걸어 고객님, 최근 주문하신 "마스크팩의 환불 절차가…"라고 말을 건넨다면, 누가 그 전화를 끊을 수 있겠는가? 더 큰 문제는, 이 정보가 다른 곳에서 유출된 정보와 결합하여 더욱 정교한 명의도용 범죄로 진화할 수 있다는 점이다. 우리는 이제 돈을 잃는 것뿐만 아니라, 우리 삶의 사적인 영역까지 침해당하는 총체적 불안감에 직면하게 된 것이다. 나는 지금 내 정보가 송두리째 털려 많이 불안하다. 쿠팡을 이용한 우리 국민 모두가 불안할 것이다.

이와 맞물려 또 다른 충격적인 사건들이 이어졌다. 30대 한국인 여성이 캄보디아 인근 베트남 국경에서 숨진 채 발견되었고, 캄보디아에서는 20대 한국인 대학생이 납치된 뒤 끝내 사망하는 끔찍한 사건도 일어났다. 범죄조직이 한 생명에게 '21호'라는 번호표를 붙여 소모품처럼 취급했다는 증언은 충격을 넘어 국민적 공포를 불러일으켰다. 너무 맞아서 걸을 수도 없는 지경에 이르렀고 결국 살해되었다고 하니 국민은 정부로부터 버려진 것과 같은 절망감을 느낀다. 이 비극의 배후에는 보이스피싱 조직이 깊숙이 자리하고 있다. 국민들은 이미 그 심각성을 알고 있었다. 경찰청 통계에 의하면 2025년 1월부터 3월까지 보이스피싱 발생 건수는 5,800건에 달한다. 연간 수만 건의 보이스피싱 범죄가 발생하는 셈이다. 이 통계는 수많은 국민이 범죄의 표적이 되고 있는 우리의 현실을 여실히 드러낸다. 수많은 관객이 관람한 영화 '범죄도시 2'가 캄보디아를 배경으로 한 인신매매와 납치 실태를 적나라하게 보여주지 않았는가. 국민들은 영화를 보며 현실의 공포를 미리 체감했는데, 정작 국민의 생명을 지켜야 할 정부는 이 모든 경고 앞에서 무엇을 했는가? 몇 년 동안 반복돼

온 사건들을 젊은이가 죽고 나서야 비로소 심각하게 인지했다는 외교부 장관의 발언에 경악하지 않을 수 없다.

그런데 더 화가 나는 건, 우리 정부가 이 문제를 대하는 태도다. 캄보디아에서 한국인을 상대로 한 취업 사기, 납치, 감금 같은 무서운 범죄 신고가 수백 건이나 쌓여왔기 때문이다. 피해자가 그렇게 늘어나는데도 정부는 손 놓고 구경만 한 것이나 마찬가지였다. 그러다가 결국 젊은이들이 맞아 죽었다. 그것도 두 명이다. 우리 국민 두 명이 해외에서 비참하게 목숨을 잃었다.

사건이 터지고 난 뒤에야 부랴부랴 특별여행주의보를 내리고, 마치 준비된 것처럼 국제 공조 강화를 외치는 모습은 뒤늦은 쇼처럼 보일 뿐이다. 비극 앞에서 허둥대는 정부의 모습은 차라리 분노를 넘어 허탈함을 느끼게 한다. 분명 수많은 경고가 있었다. 이미 젊은이들이 수천 명씩 해외 범죄조직에 끌려가고 있었고, 행방조차 모르는 국민이 계속 늘고 있었다.도대체 정부는 그동안 무엇을 하고 있었나? 국민 두 명이 잔인하게 죽었는데 미안하다는 사람 하나 없다. 책임지겠다는 목소리도 들리지 않는다. 기업은 직원이 다치면 대표가 처벌받는 법을 만들어 놓고 국민의 생명을 지키지 못한 정부는 왜 아무 책임도 지지 않는가? 이 나라에서 책임이란 단어는 국민에게만 적용되는 것인가? 국가가 국민에게 책임을 묻는 데에는 빠르지만, 국민이 국가에게 묻는 책임에는 왜 이렇게 무감각한가?

더 기가 막힌 건 그다음이다. 캄보디아 전 총리는 SNS에 "캄보디아는 안전하다"는 홍보 영상을 직접 올리며 한국의 여행주의보 발표를 노골적으로 반박하고 있다. 우리 국민이 죽었는데, 오히려 우리가 비판받는 꼴이다.우리는 도대체 얼마나 무능력한 것인가? 왜 우리 국민이 해외에서 죽어도 상대국에 제대로 항의조차 하지 못하는가? 외교력은 어디에 있는가? 국가의 무게는 어디로 사라졌는가? 지금 이 순간에도 수천 명의 한국 젊은이가 범죄조직의 손에 붙잡혀 있고, 행방을 알 수 없는 이들의 가족은 지옥 같은 하루를 보내고 있다. 이게 국가인가? 국민의 생명보다 소중한 것이 또 무엇이란 말인가? 국민을 지키지 못한 국가는 변명할 자격도 없다.

우리가 원하는 건 거창한 말이 아니다. 단 하나. 국가라면 국민을 지켜라. 그 당연한 의무조차 외면한다면 분노는 더 커지고, 국가에 대한 신뢰는 더 무너질 것이다. 더욱 어처구니없는 것은 현지 대사 자리마저 몇 달째 공석이라는 점이다. 국민 안전은 처음부터 뒷전이었던 것이다.

2011년 1월 21일 새벽, 아덴만 여명 작전이 생각난다. 그들은 망망대해 한가운데서 인질로 잡혀있는 국민을 구출했다.

'인질 21명 전원 무사히 구출. 해적 8명 사살, 5명 생포!'

대한민국 국군이 해외에서 독자적으로 수행하여 성공한 최초의 인질 구출 작전이다. 나는 그때 대한민국이 자랑스러웠다. 그 모습을 본 국민은 국가를 신뢰하지 않을 수 없다. 그것이 바로 국민의 생명을 지키는 것이다. 그리고 그것이 국민의 생명을 지키는 정부의 할 일이다.

하지만 지금 여야 정치인들과 정부가 하는 짓을 보면 피가 거꾸로 솟는다. 정부가 손을 놓고 있는 사이, 국민의 생명을 지키는 일에 선교사가 나서고 있다. 캄보디아 시아누크빌 교민회장인 오 선교사는 YTN라디오에서 "제발 캄보디아에 오지 말라고 당부하고 싶다"며 호소했다. 저개발 국가에서 한 달에 1천 만원을 벌 수 있는 일자리는 애초에 존재하지 않는다는 것이다. 애초에 한국 사람이 140만원을 벌 수 있는 직장조차 찾기 힘들다고 말했다. 말도 안 되는 말에 혹해 동남아까지 건너온 청년들은 강제적으로 갇혀 날마다 고문당하고 두들겨 맞는다. 오 선교사는 하루라도 빨리 이들을 구출해야 한다고 했다. 그리고 무엇보다 중요한 것은 대한민국 청년들이 캄보디아에 오지 않도록 막는 일이라고 강조했다. 오 선교사는 이미 올해에만 50명이 넘는 한국인을 구조했다. 정부가 해야 할 일을 선교사가 하고 있는 것이다. 그에 따르면 피해자 대부분은 온라인 구직 광고나 보이스 피싱을 통해 유인돼 캄보디아로 들어온다. 입국하자마자 여권을 압수당하고 폭행과 협박에 시달리며 보이스피싱이나 불법 도박 운영에 강제로 동원되는 것이다.

오 선교사 말에 의하면 한국인 몸값이 제일 높다고 한다. 보이스피싱 수익을 잘 낸다는 이유로 한국인을 중국 보이스피싱 조직에 1만 달러가 넘는 값으로 팔아버린다고 했다. 최근 캄보디아 남부 깜폿주의 보코산에서 한국인 대학생이 중국 조직에 납치·감금돼 고문 끝에 숨진 사건 역시 이미 오래전부터 중국 흑사회 조직이 온라인 범죄 거점으로 삼아온 곳이라고 오 선교사는 말했다. 그리고 지금 이 순간에도 그 안에서 구조를 기다리는 한국인이 있을 것이라고 말했다. 오 선교사는 캄보디아에 '코리안 데스크'라도 설치해 한국 경찰이 현지 경찰과 합동으로 일할 수 있다면 이런 범죄가 근절될 것이라며 정부에 요청하고 있다. 국민의 생명을 지키는 일을 선교사가 위험을 무릅쓰고 대신하고 있다는 사실이. 그 현실이 너무나도 슬프고 가슴이 아프다.

나는 오늘도 보이스피싱이 의심되는 전화를 5통이나 받았다. 신규 핸드폰이라 전화가 오면 보이스피싱으로 의심된다는 것을 문자로 알려준다. 지금 전 국민이 보이스피싱 때문에 얼마나 많은 신경을 쓰며 고통받고 있는가!

2025년 1~8월까지의 보이스피싱 피해 건수는 하루 70건이며, 매일 70명 이상이 평균 1,700만 원 규모로 보이스피싱을 당하고 있다고 한다. 경찰청과 금융 감독원의 공식 통계를 보면 2025년 보이스피싱 피해액이 무려 1조 원을 돌파한다고 한다. 정말로 어처구니가 없는 세상이다. 어느 날 갑자기 걸려온 전화 한 통이 한 사람의 삶을 송두리째 뒤흔들고, 수십 년간 쌓아온 모든 것을 한순간에 앗아가는 비극이 대한민국 곳곳에서 매일같이 벌어지고 있다. 교묘하고 악랄한 사기 수법이 사회 전반에 깊이 뿌리내려 국민들의 재산과 정신을 파괴하고 있다. 보이스피싱 피해액이 1조 원으로 급증하는 동안 도대체 정부는 무엇을 하고 있는가! 민생, 민생 말로만 떠들고 있다. 국민의 피땀 어린 돈이 조직적 범죄로 연간 1조 원이나 강탈당하고 있는데도 말이다.

내 주변에도 보이스피싱을 당한 사람이 수두룩하다. 은행을 가면 나이 드신 분이 울며 항의하는 모습도 자주 본다. 그럴 때마다 이렇게 많은 국민이 고통받고 있는데, 정부는 이 현실을 제대로 알고나 있는지 답답함이 밀려온다. 보이스피싱 피해자들은 단순히 돈만 잃는 것이 아니다. 사람을 믿지 못하게 되고, 지금도 누군가 자신을 지켜보고 있다는 불안에 시달린다고 한다. 급기야 보이스피싱을 당하여 자살까지 했다는 소식이 종종 언론에 등장한다. 보이스피싱은 단순히 금전적 손실이 아닌, 사람의 정신과 생명까지 위협할 수 있는 잔혹한 범죄이다.

한 지인은 보이스피싱으로 수천만 원을 날린 후 아예 온라인 거래를 하지 않는다. 또 다른 지인은 범인을 잡았다는 연락을 받고 가보니, 피해액을 N분의 1로 계산하여 겨우 몇 백 원만을 주고 찾아가라고 했다고 한다. 기가 막힌 일이다. 국민들에게 공짜로 돈을 나누어 주는 정책을 논하기 전에 보이스피싱 피해자들의 돈부터 제대로 보상해 줘야 하는 것 아닌가!

20년 전 어느 날, 회사에서 일을 하고 있는데 아이에게서 전화가 왔다.

"아빠, 통장 번호가 뭐야?"

순간, 바빠서 엄마가 대신 물어보라고 시켰겠거니 생각하며 아무 의심 없이 알려주었다. 그런데 몇 분 후, 다시 전화가 왔다. 이번엔 "비밀번호가 뭐야?"라고 묻는다. 순간 이상한 느낌이 들었다. "그걸 왜 묻는데?" 하고 물었더니, 아이는 다급하게 "빨리 알려 달라고 하잖아!"라고 소리쳤다. "엄마가 물어본 거야?"라고 묻자, 아이는 잠시 머뭇거리더니 "아니… 누가 빨리 알려 달래. 말하면 큰일 난대…"라며 말을 한다. 그 순간, 등골이 서늘해졌다. "지금 당장 그 전화 끊어!"라고 소리쳤다.

그로부터 20년이 지난 지금, 보이스피싱은 더욱 교묘하고 위험한 방식으로 변했다. 최근에 잘 아는 사람의 이름으로 부고장 메시지가 왔다. 나는 깊은 슬픔에 빠진 친구를 돕고자, 주저 없이 경조사비를 송금했다. 하지만 며칠이 지나도 답장이 없었다. 이상한 생각이 들어 다른 친구에게 확인해 보니, 그분의 아버님은 멀쩡히 건강하게 살아 계셨다는 것이었다. 헉! 그 순간 허탈감과 분노가 밀려왔다. 어떻게 내 정보를 다 알고 친구 아버지인 것까지 알았는지 기가 막혔다. 나도 이렇게 쉽게 속을 정도라면, 다른 사람들은 얼마나 더 쉽게 당할까? 생각만 해도 아찔하다.

최근에는 AI 목소리 합성 기술을 이용해 자녀나 지인의 목소리를 그대로 흉내 내 금전을 요구하는 사례가 급증하고 있다고 한다. 70대 김모 씨는 며느리의 카톡 메시지를 받고, 곧이어 걸려온 전화에서 분명 며느리의 목소리를 들었다. 평소와 달리 약간 울먹이는 듯한 목소리에 김 씨는 걱정이 앞섰고, 결국 돈을 송금했다. 사기를 당한 것을 알게 된 후, 김 씨는 "내 귀를 믿을 수 없게 되었다"며 망연자실했다.

"VIP 고객님, 특별 대출입니다!"

50대 박모 씨는 자신이 주거래 은행 VIP 고객이라는 것을 아는 듯한 보이스피싱 전화를 받았다. 사기범은 박 씨의 신용 등급까지 언급하며 자세한 설명을 이어갔고, 박 씨는 수천만 원을 송금했다. 나중에 알고 보니 사기범들은 박 씨의 금융 정보를 미리 파악하고 있었던 것으로 드러났다.

서울의 한 70대 할머니는 손자가 납치됐다며, 전화 너머로 어린아이의 비명 소리를 듣고 패닉에 빠져 전 재산을 인출해 범죄자에게 송금한 사건도 있었다. '나한테는 그런 일이 없겠지' 혹은 '나는 절대 속지 않아'라고 생각할 수 있지만, 현실은 그렇지 않다. 아무리 주의 깊고 신중한 사람이라도 단 한 순간의 방심이 엄청난 피해로 이어질 수 있다. 이 범죄는 이제 더 조직적이고 치밀하게 진화하여, 노년층에서부터 신혼부부, 기업가, 학생에 이르기까지 누구도 예외가 될 수 없는 심각한 사회적 위협으로 자리 잡았다.

그런데 정부에서는 무얼 하는지 모르겠다. 법을 만드는 국회의원은 왜 보이스피싱 방지법을 안 만드는지 이해가 되지 않는다. 국가의 존립 목적이 국민의 재산과 안전을 지키는 것 아닌가! 지금 보이스피싱범은 날아다니고 있는데 우리 정부는 엉금엉금 기어가고 있다. 며칠 전 보이스피싱 피해액이 폭발적으로 늘고 있다는 보도가 나오자 정부는 보이스피싱 관련 TF 팀을 만든다고 했다. 그리고 깜깜무소식이다. 입에서 험한 말이 나온다. 지금은 앉아서 탁상공론 흉내만 내고, TF 팀 꾸린다며 수천만 원의 예산을 책정해놓고 세월아 네월아 시간을 흘려보낼 때가 아니다. 그 한심한 느림보 행정을 볼 때마다 개탄하지 않을 수 없다. 2025년 현재도 대한민국에서 보이스피싱범에 대한 처벌은 단순 사기죄에 머물러 있다. 당연히 범죄단체 조직죄로 처벌해서 형량을 대폭 높여야 한다. 범죄단체 조직죄는 사형, 무기 또는 장기 4년 이상의 징역에 해당하는 범죄로 처벌한다. 그런데 왜 이렇게 많은 국민이 피해를 보고 있음에도, 보이스피싱범들은 여전히 단순 사기범으로 취급받는가? 솜방망이 처벌을 하니 범죄가 점점 더 늘어나고 피해액도 기하급수적으로 늘고 있다.

우리의 분노, 이제 법을 만드는 국회로 향해야 한다. 우리가 겪은 이 이야기들은 결코 나와 상관없는 일이 아니다. 보이스피싱은 단순히 누군가의 불운한 경험이 아니라, 우리 모두의 삶을 위협하는 공공의 적이다. 한 통의 전화로 평생을 일군 재산을 잃고, 삶의 희망마저 빼앗기는 것이 현실이다. 우리는 이 잔혹한 비극 앞에서 더는 침묵할 수 없다. 우리의 분노는 단순히 돈을 잃은 슬픔을 넘어, 무기력한 정부에 대한 절규이다. 이 절망적인 현실을 방치하는 것은 국가의 존재 이유, 곧 국민의 생명과 재산을 수호해야 할 근본적인 책임을 스스로 부정하는 행위와 같다. 캄보디아의 21호 비극은 대한민국의 국회와 정부가 명백히 책임져야 할 사건이다. 국민의 생명과 안전을 지키는 최후의 보루로서, 우리는 이 분노를 모아 법을 만드는 국회로 향해야 한다. 우리의 간절한 목소리, 우리의 집단적인 분노야말로 이를 해결할 수 있다고 본다. 우리는 다음과 같은 최소한의 요구를 즉각적으로 관철해야 한다.

- **처벌 강화:** 단순 사기죄가 아닌 범죄단체 조직죄를 적용하여 최고 형량으로 다스리도록 법을 개정하라. 이는 피해자를 살인에 준하는 범죄의 희생자로 규정하는 정의의 시작점이며, 법치 국가의 위엄을 되찾는 첫걸음이다.
- **피해 구제:** 범죄의 무차별적인 피해로부터 국민을 보호하기 위해, 보이스피싱 피해액을 정부가 우선 보상하는 구제 법안을 마련하라. 이는 국가가 국민을 버리지 않겠다는 최소한의 약속이며, 절망에 빠진 국민에게 내미는 마지막 구원의 손길이다. 정부가 보상을 해 준다고 해야 공무원들이 정신 차려서 금융기관과 통신사들을 적극적으로 관리 할 것 아닌가!

우리가 함께 분노하고 행동할 때, 비로소 이 땅에 안전한 사회를 향한 첫걸음이 시작될 것이다. 국민의 생명이 돈벌이 수단으로 전락하여 '21호'처럼 번호로 불리는 비극이 다시는 없도록, 정부와 국회는 지금 책임을 통감해야 한다. 우리는 피 흘리는 국민을 외면하는 무능하고 한심한 국가를 원치 않는다! 국민의 생명을 보호하는 일은 국가의 존재 이유이다.

결혼도, 출산도 멀어진 현실

"아들딸 둘만 낳아 잘 기르자!"

1970년대 후반, 내가 고등학교에 다니던 시절 정부가 주도한 표어였다. 군대 생활을 마치고 돌아왔을 때도 이 정책은 여전히 계속되었다.

어느 날 예비군 훈련을 가니 정관 수술을 하면 돈도 주고 빵도 주며, 남은 교육까지 면제해 준다고 했다. 내 친구 또한 아들 한 명을 낳고 예비군 훈련장에서 정관 수술을 했다. 세월이 흘러 그는 사회생활을 거쳐 회사 대표가 되었고, 어느 날 나에게 이런 말을 했다.

"야, 내가 애를 하나 더 낳아야 하는데 어떻게 하면 되냐?"

나는 묶어 놓은 것이니 풀면 될 것이라고 생각했지만, 그가 병원에서 들은 이야기는 충격적이었다.

"묶어 놓은 게 아니고 그냥 잘라버렸대. 복원 수술을 해야 한다는데 돈도 많이 들고 수술해도 복원되지 않을 수도 있대."

내가 알기로는 단순히 묶는 수술이었는데, 잘라냈다는 말을 듣고는 기가 막혔다. 그는 결국 복원 수술까지 했으나 복원되지 않았다. 국가 정책이 한 가정에 지울 수 없는 상처를 남긴 것이었다. 아마도 그 친구에게는 '둘째 아이'의 존재 자체가 영원히 지워진 페이지로 남아있을 것이다. 한때 국가가 제시했던 성공적인 삶의 지표가, 이제는 돌이킬 수 없는 개인의 비극으로 기억된다는 사실이 너무나 먹먹하다.

예전에는 아이들을 많이 낳는다며 산아 제한 정책을 펼쳤고 나름 성공했다고 여겼다. 그런데 지금은 정반대로 아이를 더 많이 낳아야 한다고 고출산 정책을 펴니, 참 아이러니하다. 결혼을 안 하는 것일까, 못 하는 것일까? 요즘 젊은 세대들은 결혼을 점점 더 미루고 있다. 결혼 연령이 과거와는 비교할 수 없을 만큼 늦어졌고, 출산율은 그 어느 때보다 낮다. 통계청에 따르면 2023년 한국의 출산율은 0.78명으로 역대 최저치를 기록했다. 1980년대만 해도 평균 3명 이상의 자녀를 낳던 사회였다. 그때와 비교하면, 아이를 낳는 문화가 완전히 사라져가고 있는 것 같다. 우리가 잃어가는 것은 단순한 출산율이 아니다. 아이들의 웃음소리로 가득했던 명절 풍경, 활기찼던 골목길, 그리고 미래를 향한 희망이 담긴 작은 손편지들. 한 세대의 소멸은 곧 우리 모두의 추억과 희망이 사라지는 것과 같다.

나의 두 아이는 모두 결혼을 했다. 큰아이는 37세, 작은아이는 33세다. 아이들이 친화력이 있어 친구들이 제법 많은 편이다. 가끔 친구들 결혼은 했는지 물어보면 "아니요, 안 간 애들이 더 많아요. 갈 생각을 안 해요" 하고 웃는다. 왜 안 가느냐고 물으면 "돈도 없고…"라며 말꼬리를 흐린다.

그렇다. 젊은 세대들은 경제적 부담 때문에 결혼할 엄두를 내지 못한다. '돈이 있어야 집도 사고, 집이 있어야 아이를 낳고 키울 경제적 여건이 된다'고 생각한다. 자신들이 그렇게 커 왔기 때문에 학원비, 차량 유지비,

워라밸(일과 삶의 균형)을 즐기기 위한 비용 등 아이 양육에 드는 비용을 너무나도 잘 알고 있다. 이 모든 것을 충족하려면 적어도 월급 500만 원 이상을 벌어야 하는데, 그런 회사 다니기가 쉽지 않다.

부모가 도와주면 좋겠지만, 요즘 엄마 아빠들은 돈을 내놓지 않는다. 나 역시 아이들에게 "알아서 가라", "집도 너희들이 벌어서 하라"고 했다. 물론 그렇게 이야기하면서도 마음 한구석에는 늘 미안함과 안쓰러움이 있었다. 우리 세대가 이룬 경제적 성장이, 정작 우리 아이들에게는 부모의 희생 없이는 결혼조차 할 수 없는 장벽으로 돌아왔다는 사실이, 부모로서의 깊은 자책감으로 남는다. 그럼에도 불구하고 나 역시 100세 시대에 대비해야 한다. 내 노후 대책도 내가 할 테니, 너희들 시집장가 가는 일도 알아서 하라고 하는 것이다. 예전처럼 집 팔고 논 팔아 장가 보내던 시대는 이미 끝났다.

내가 아는 친구의 부모님은 자산이 100억 원대에 이르지만, 죽기 전까지 세 자녀에게 재산을 물려줄 생각을 전혀 하지 않는다. 반면, 다른 친구는 집을 팔아 아이들 결혼을 도와주고 본인은 작은 집으로 이사하며 극빈자 생활을 하고 있다. 어느 것이 맞는지 판단하기 어렵지만, 부모의 노후 대비 부담이 곧 자녀의 결혼 및 출산 부담으로 전가되는 현실만큼은 변하지 않는다.

아이들 또한 부모를 모시고 살겠다는 생각을 하지 않는다. 아프면 요양원에 보내면 된다는 생각이다. 세상이 바뀐 것이다. 그 바뀐 세대에 지금 젊은이들이 끼어 있는 것이다.

만약 이대로 30년이 흐른다면, 한국의 모습은 어떻게 될까? 현재의 출산율이 유지된다면, 2050년에는 인구의 절반이 65세 이상이 될 것이라는 전망도 나온다. 일할 사람은 없고, 사회의 경제적 기반은 무너질 것이며, 국방력마저 약화될 것이다. 인구 절벽은 더 이상 먼 미래의 이야기가 아니다.

나라가 매년 약 40조 원의 막대한 예산을 쏟아붓고 있음에도 불구하고 왜 출산율은 계속해서 하락하는 걸까? 정부가 돈을 지원해 준다고 하지만, 젊은 세대는 '복잡하고 지자체마다 다르잖아. 그까짓 게 무슨 도움이 돼?'라고 생각한다. 산발적이고 복잡한 지원책은 젊은 세대가 체감할 수 있는 혜택이 될 수 없다. 내 둘째 아들도 결혼한 지 2년이 되었지만 아직 아이가 없다. 아이를 갖지 않는 이유를 조심스럽게 물어보니 건성으로 대답만 할 뿐이다. 젊은 세대가 느끼는 결혼과 출산의 실질적 부담, 특히 높은 집값과 양육비용을 해결하지 못했기 때문이다.

부모로서 자식이 사랑하는 사람과 행복한 가정을 이루고자 하는 꿈조차 돈 때문에 망설이는 현실을 바라보는 것은, 그 어떤 인구 절벽 예측보다 아프고 절망적이다. 이 절망의 무게를 덜어주는 것이 국가의 최우선 책무여야 한다.

'파격적인 해법: 한 아이당 1억 원'

정부가 쏟아붓는 수십조 원의 예산은 왜 효과를 보지 못하는지 그 이유를 모르는 것 같다. 산발적이고 복잡한 지원책으로는 젊은 세대의 마음을 움직이기 어렵다. 이 문제에 대한 해답은 오히려 간단하고 명확한 곳에 있을지도 모른다.

부영그룹의 사례를 소개한다. 부영그룹은 2024년 초, 2021년 이후 출산한 직원 자녀 70명에게 총 70억 원을 직접 현금으로 지급하며 사회적으로 큰 반향을 일으켰다. 특히 이 회사의 출산 지원금을 받은 한 직원은 회사의 파격적인 지원 덕분에 주거 안정에 큰 도움이 되었고, 육아에 대한 부담감을 덜 수 있었다고 언론 인터뷰에서 밝혔다. 이 회사는 출산 후 1년이 지나지 않은 직원들까지 소급 적용하여 혜택을 제공했고, 그 결과 직원들의 출산율이 크게 증가했다. 단순한 출산율 상승이 아닌, 체감될 정도의 변화였다. 부영그룹의 이 대담한 시도는 정부와 국회의 변화를 이끌어냈다. 기업이 직원에게 지급하는 출산 지원금에 대해 전액 비과세를 적용하도록 세법을 개정한 것이다(2024년 연말정산부터 적용). 국가가 민간 기업의 혁신에 다소 늦게 반응하긴 했지만, 그럼에도 검증된 성공적인 모델을 정책으로 수용했다는 점에서 의미 있는 변화라 할 수 있다. 동시에 다른 기업들의 참여를 유도할 제도적 발판도 마련했다.

이 그룹의 2023년 출산율은 무려 2.22명으로, 이는 국가 전체 출산율(0.72명, 2023년 기준)의 세 배 이상이자, 인구 유지를 위한 최소 수준(2.1명)을 상회하는 놀라운 수치이다. 이 사례는 돈이 있으면 아이를 낳는다는 젊은 세대의 솔직한 심리를 정면으로 관통하며, 가장 간단하고 명확한 해법이 무엇인지를 명확히 보여준다.

이제 국가는 복잡하게 흩어진 기존의 출산 지원 제도를 과감히 통합해야 한다. 그리고 범국가적으로 '한 아이당 1억 원 지급'이라는 파격적인 정책을 시행해야 한다.

- **1차:** 아이가 태어날 때, 초기 양육비와 주거비 부담을 덜어주기 위해 5천만 원을 즉시 지급한다.
- **2차:** 아이의 5세 생일에 추가 5천만 원을 지급한다.

1억 원이라는 금액은 단순한 지원금이 아니다. 젊은 세대에게 '출산은 경제적 안정성을 보장받는 기회'라는 확신을 심어줄 수 있는 상징적 금액이다. '한 아이, 한 억!' 캠페인이 범국가적으로 확산된다면, 출산을 망설이는 많은 젊은이들의 마음을 움직일 수 있을 것이다.

우리가 마주한 현실은 더 이상 해결을 미룰 수 없는 중대한 문제이다. 이 문제에 대한 해법을 찾고 실행하는 것은 더 이상 미룰 수 없는, 우리 모두의 책임이다. 우리 모두가 이토록 간절히 바라는 것은 단순한 인구수의 회복이 아니다. 다음 세대가 이 땅에서 태어난 것이 축복이라고 진심으로 느끼며, 절망이 아닌 기대감으로 미래를 준비할 수 있는 희망의 씨앗을 다시 심는 것이다.

66

동물 학대와 유기

99

세상에는 다양한 형태의 사랑이 존재한다. 그중에서도 조건 없는 헌신과 순수한 애정을 주는 존재, 바로 우리의 반려동물이다. 그들은 우리에게 기쁨을 주고 위로가 되어주며, 삶의 한 부분을 함께 채워 나가는 소중한 가족이다.

하지만 안타깝게도, 모든 반려동물이 그런 사랑을 온전히 누리지는 못한다. 때로는 감당하기 힘든 현실 때문에, 그들은 버려지고 상처받는 아픈 현실에 놓이곤 한다. 나에게도 가슴 아픈 기억이 있다. 함께 살던 반려견 '메리'는 초인종 소리에 가끔 짖는다는 이유로 이웃의 불평을 들어야 했다. 누군가 초인종을 누르면 놀라서 잠깐 짖을 뿐이었지만, 옆집 아저씨는 그때마다 불평을 쏟아냈다.

어느 날 회사에서 돌아와 보니 집사람과 옆집 아저씨가 심하게 다투었다고 했다. 나는 옆집으로 찾아가서 따졌다.

"자주 짖는 것도 아니고 누가 초인종을 누르면 잠깐 짖는 건데 그것도 못 참습니까?"

하지만 그는 큰 소리를 지르며 "못 참겠다"고 맞섰다. 나는 결국 메리를 잠시 다른 곳에 맡겨야만 했다. 아는 지인이 용인에서 여러 마리의 개들을 기르고 있었고 나의 사정을 들은 후 "여기 데려다 놓으면 괜찮을 것 같다"라고 했다. 나는 다른 개들과 잘 어울려 놀 거라 생각하고 그곳에 메리를 맡겼다.

2주 후, 메리를 보러 갔다. 다른 반려견과 잘 놀 거라는 내 생각은 완전히 착각이었다. 메리는 홀로 외롭게 앉아 있다가, 나를 보자마자 달려와 내 품에 안겼다. 내가 차를 타려고 문을 여는 순간, 쏜살같이 차에 올라탔다. 뒷좌석으로 가면서 내리지 않으려고 했다. 내가 강제로 내리려고 하니 눈물이 그렁거리는 것이 보였다. 나를 원망하는 눈빛이었다. 집에 돌아와서도 메리의 그 눈빛이 계속 아른거렸다.

일주일 후, 다시 찾아갔다. 그런데 메리가 그곳에 없었다. 나는 깜짝 놀라 메리가 어디 갔냐고 물었고, 지인은 내가 돌아가고 나서 없어졌다고 했다. 나는 너무 어이없고 놀라서 온 동네를 뒤집고 다녔지만 메리를 찾을 수 없었다. 집으로 돌아오는 길, 차 안에서 '그냥 데리고 올걸' 하는 죄책감과 후회가 밀려왔다. 나는 지금도 메리가 내 차가 떠난 길을 하염없이 쫓아오지 않았을까 하는 생각에 가슴이 무너진다. 차에서 내리려 하지 않던 메리의 슬픈 눈빛이 자꾸 생각나 마음이 많이 아프다. 그 눈빛 속에는 원망과 함께 다시 돌아와 주기를 기다리겠다는 순수한 믿음이 담겨 있었다. 인간이 준 상처에도 불구하고 끝까지 배신하지 않는 그들의 조건 없는 사랑이야말로, 우리가 이 문제를 외면하지 않고, 그들을 끝까지 책임져야 할 이유이다.

며칠 전에는 회사에 출근하는데 큰 진돗개가 흙더미에 앉아 있었다.

누가 버린 것이다. 주인만 기다리며 앉아 있는 진돗개 때문에 아파트 주민들이 여기저기 전화하며 고생했다는 이야기를 들었다 .주민들이 동물보호소에 전화를 했지만, 직원은 개가 겁에 질려 사람에게 오지 않으니 잡지 못하고 돌아갔다. 그 직원이 돌아가면서 남긴 말이 더욱 마음을 무겁게 했다.

"15일 안에 입양이 안 되면 안락사하니 그냥 저렇게 사는 게 낫죠."

생명을 보호해야 할 시스템이 오히려 '길 위'가 낫다고 말하는 이 역설적인 현실 앞에서, 우리는 동물보호라는 이름이 얼마나 공허한 구호가 되었는지 깨닫게 된다. 이 모든 비극의 시작은 단 한 번의 무책임한 행동이다. 반려동물을 버리는 행위는 내 문제를 사회 모두의 문제로 떠넘기는 가장 이기적이고 비겁한 도피이다.

이후 주민들은 119에 전화했지만, "중대한 사건이 아니다"라는 답을 들었다. 다시 경찰서 민원실에 신고하려니 직접 와서 민원서를 쓰라고 했다. 답답함 속에 몇 번의 시도가 실패로 돌아가자, 결국 아파트 주민 한 분이 사비로 수십만 원을 주고 사설업체에 용역을 맡겼다. 사설업체는 드론을 동원하여 반려견을 포획했고, 그 반려견은 그 집에서 살게 되었다.

더욱 충격적인 사실은 그 어미 개가 임신 중이었고, 포획된 직후 네 마리의 새끼를 낳았다는 것이다. 좋은 일에 나섰던 선량한 주민은 순식간에 다섯 생명의 무게를 떠안는 딜레마에 빠졌다. 인간의 무책임이 낳은 생명을, 결국 선량한 개인의 선의가 감당하게 되는 아픈 현실이다. 을왕리 해변가에서 배가 고파 몰려다니던 유기견들, 진돗개처럼 버려진 채 혼자 새끼를 낳아야 했던 어미 개까지. 얼마나 많은 반려견이 지금 이 순간에도 길 위에 버려지는가!

키울 능력이 없으면 처음부터 키우지나 말든지 왜 키우다가 버린단 말인가! 사랑스러운 생명을 키울 준비가 되어 있지 않다면, 처음부터 인연을 맺지 않아야 한다. 단순히 귀엽다는 이유로, 혹은 외롭다는 이유로 쉽게 입양하고 쉽게 버리는 행위는 또 다른 생명에게 깊은 상처를 남기는 잔인한 일이다. 반려동물은 잠시 내 외로움을 채워줄 장난감이 아니다. 이들이 보내는 10여 년의 세월 동안 우리는 이들의 병듦과 노화를 끝까지 지켜봐 줄 보호자로서 계약을 맺는 것이다. 이 계약의 무게를 감당할 수 없다면, 시작해서는 안 된다.

우리 사회는 이제 동물을 단순히 소유의 개념이 아닌, 함께 살아가는 소중한 동반자로 인식해야 한다. 반려동물은 우리에게 기쁨을 주는 동시에, 그들의 생명과 안녕을 책임져야 하는 막중한 의무를 함께 부여한다. 이 책임은 비단 한두 사람의 선의에만 맡겨질 것이 아니라, 사회 전체가 함께 고민하고 해결해야 할 문제이다.

미국의 경우 동물 학대는 중범죄로 판단해 최대 7년의 징역형을 선고할 수 있으며, 연방수사국은 이를 범죄 통계에 포함해 적극적으로 단속한다. 그러나 국내에서는 동물 학대 사건이 발생해도 대부분 벌금형에 그치거나 집행유예로 처벌이 끝난다. 순간의 분노로 한 생명을 잔혹하게 해친 행위가 수십만 원의 벌금으로 면죄부를 받는 사회에서는, 그 어떤 생명 존중도 기대할 수 없다. 길 위에서 방황하는 생명들이 더 이상 늘어나지 않도록, 우리는 다음 두 가지를 강력하게 요구해야 한다.

- **처벌 강화:** 동물 학대 및 동물을 버리는 행위를 단순 사안이 아닌 심각한 범죄로 인식하고 처벌을 대폭 강화하는 법안을 만들어야

한다.

- **시스템 개선:** 유기 동물 구조 및 보호 과정에서 책임 있는 행정 시스템을 만들어 선량한 개인에게 부담을 전가하는 문제를 해결해야 한다.

그들의 작은 생명이 우리에게 준 행복을 기억하며, 우리 모두가 책임감 있는 사랑으로 그들을 보듬어주는 따뜻한 사회가 되기를 간절히 바란다. 진정한 사랑은 그들의 가장 빛나지 않는 순간, 즉 병들고 늙고 약해졌을 때 시작된다. 그때까지, 우리는 그들의 마지막 순간까지 따뜻한 집과 품을 내어줄 의무가 있다.

3장

공무원은 흐흐흐

무사대학 안일학과

"공무원이 제일 좋은 직업이지! 안정적이고, 평생 일할 수 있고 연금 도 많잖아."

나는 이 말을 주변에서 참 많이 들었다. 어린 시절 나에게는 '공무원'이라는 단어가 마법의 주문과도 같았다. 아버지는 평생 공무원으로 사셨고 그 묵직한 안정감이 우리 가족을 지탱했다. 내가 학창 시절을 보내던 때만 해도 많은 부모님이 자녀들에게 공무원을 권했다. "평생 직장, 안정적인 월급, 퇴직금까지 확실한 직업이 어디 있겠니!"라며 공무원 시험 준비를 독려했고, 합격 소식이 전해지면 온 동네가 잔치분위기였다. 공무원 합격은 그 자체로 성공의 증표였다. 모두가 "평생 걱정 없겠네!"라며 축하했다.

나의 절친한 대학 친구는 그때 3급 공무원 시험에 어렵게 합격했고, 많은 축하를 받았다. 모두가 "야, 이제 너 평생 걱정 없겠다!"라며 부러워했고 나 또한 그가 성공한 사람이라고 생각했다. 하지만 오랜만에 만난 그 친구의 얼굴에는 그늘이 드리워져 있었다. 그는 한숨을 쉬면서 말했다.

"윤수야! 나 이제 그만 둘까 봐."

나는 깜짝 놀라 물었다.

"아니 왜 그래 인마, 힘들게 들어간 곳인데!"

"아냐…."

그는 말끝을 흐렸다.

몇 년 뒤, 그 친구가 느닷없이 퇴사했다는 소식을 들었을 때는 정말 놀랐다. 술 한잔하며 그에게 물었다.

"야, 그렇게 좋은 직장을 왜 그만두냐?"

"월급이 너무 적어서 생활이 안 돼. 매달 돈 걱정하며 사는 게 너무 힘들어. 다른 사람들은 모두 부자가 되는 것 같은데 나만 제자리에 있는 것 같아!"

"그래도 나중에 퇴직금 많이 받잖아? 좀만 더 버티면 될 텐데."

"그때까지 버티기엔 현실이 너무 버거워."

내가 다니던 기업체와 비교해보면 많은 차이가 났다. 3급인데도 왜 이렇게 적을까 하는 의문이 들었다. 그때 나는 '안정적인 직업이라는 게 과연 전부일까?'라는 생각을 했다. 우리 부모들이 물려준 '안정'이라는 것의 가치가 사실은 현실에 대한 무책임이었던 것은 아닐까? 우리는 아이들에게 성실하면 보상받는다고 가르쳤는데, 지금 그들의 성실은 박봉이라는 족쇄가 되어버린 셈이다.

급여가 낮다 보니 비리를 서슴없이 저지른다. 오래된 이야기지만 내가 회사에 다니던 시절 직원과 함께 지방 출장을 갔을 때의 일이다. 나는 조수석에 앉았고 송 대리가 운전을 했는데 이 친구는 고지식하고 굉장히 착한 친구였다. 고속도로에서 속도위반을 했는데 경찰관이 차를 대라고 수기로 손짓을 한다. 많은 차들을 향해 수기로 차를 대라고 했지만 3대 중 한 대 정도만 차를 세운다. 송 대리가 차를 세우니 경찰은 웃으면서 속도위반하셨으니 면허증을 보여 달란다. 송 대리는 경험이 많은지 면허증 아래에 1만 원을 같이 주었고 경찰은 싱글벙글하며 안녕히 가시라고 경례를 했다. 나는 송 대리에게 조심하라고 한 후 다음부터 차를 대라고 하면 세우지 말고 그냥 가라고 했다. 송 대리는 알았다고 하고 가는데 또 저 앞에서 경찰관이 서라고 손짓을 했다. 나는 그냥 가라고 했지만 순진한 송 대리는 또 차를 세웠다. 그리고 면허증을 보여 달라는 말에 송 대리는 또 1만 원짜리 지폐를 꺼내서 주려고 한다. 나는 경찰관에게 큰소리로 이야기했다.

"아니, 고속도로에서 손짓으로 차를 세우면 얼마나 위험한데 갑자기 튀어나와 차를 세우면 어떻게 합니까? 그리고 이미 다른 경찰관한테 잡혀서 돈 뜯겼습니다!"

경찰관은 웃으면서 "알았어요! 그냥 가세요!" 하면서 경례를 한다. 내 차 뒤로 보니 벌써 몇 대는 잡혀서 흥정을 하고 있었다. 그 경찰관이 악해서 1만 원을 받은 것일까? 아니다. 그 역시 생활을 유지해야 하는 평범한 가장이었을 것이다. 국가가 봉급으로 채워주지 못한 가장의 책임감의 구멍을, 그들은 불법으로 메워야 했던 것이다. 이는 비극적인 시대의 단면이다. 비리를 낳은 것은 개인의 탐욕이 아니라, 국가의 무관심이었다. 그당시는 이런 것들이 거의 상용화되어 있어서 으레 경찰관들이 낮은 봉급을 채울 수 있는 수단으로 삼은 게 아닐까?

그간 수많은 노래방이 생기고 수많은 음성적인 방들이 생겼다. 귀 청소방, 키스방, 전화방 등등 셀 수도 없는 방들이 생겨나고 경찰관들은 불법을 단속하지만 마음만 먹으면 얼마든지 회식비 정도는 마련할 수 있다고 한다. 그 이유는 평상시에 상납을 잘하면 상호관계 속에 단속 날짜를 알려주기 때문이란다.

내가 이런 사실을 알게 된 것은, 사업을 하며 상납을 했던 사람들로부터 직접 이야기를 들었기 때문이다. 그래도 다행인 것은 지금은 많이 개선이 되었다고 한다. 왜 공무원들이 이런 비리를 저지를 수밖에 없는지 생각해 보았다. 결론은 봉급이 너무 적기 때문이다. 연금은 높지만 당장 먹고 살아야 하는데 그것이 불충분하다는 것이다. 그래서 악순환이 지금까지도 계속되고 있는 것이다.

나는 늘 119구급활동을 하는 분들에게 고마움을 느낀다. 소중한 국민의 생명을 지키시는 분들이기 때문이다. 한 번은 집사람이 아이가 어렸을 때 아이를 잠들게 하고 장을 보러 나갔는데 집에 도착해보니 아이가 울고 난리가 난 것이다. 그런데 문제는 문을 열어야 하는데 열쇠를 잃어버렸다는 것이었다. 아이는 자지러지게 울고 문은 열 수 없고, 그야말로 큰일이 난 것이다. 그때 집사람이 119에 신고하니 소방대원들이 금방 와서 창문을 통해 집 안으로 들어가 문을 열어 주었다고 한다. 2층이었고 창문도 좁아서 사람이 들어가기 어려운 상황이었지만, 대원들은 위험을 무릅쓰고 창문을 통해 들어갔다.

나는 지금도 우리 사회에서 가장 중요한 일을 하시는 분들에게는 최고의 대우를 해줘야 한다고 본다. 그들의 월급이 얼마나 되는지 알아보았다. 우리나라 봉급 기준표를 따르고 여기에 위험근무수당이나 특수업무수당이 추가된다고 한다. 보통 119 구조대에 근무한 지 3년쯤 된 대원이 실제 집에 가져오는 월 수령액은 300만 원 안팎이라고 한다. 그것도 주 5

일제를 말하는 다른 직종과 달리, 쉬지도 못한 채 야근수당과 특근수당까지 모두 포함된 금액이다. 그럼에도 불구하고 300만 원 남짓이라니, 내 생각에는 많이 적다. 우리의 생명을 살리는 소방관의 노고에 고마움을 넘어 미안함을 느껴야 한다는 사실이 서글프다. 우리의 생명을 지켜주는 영웅의 월급이 고작 300만 원이라면, 그들은 누구에게 의지하고 희망을 가져야 하나. 국민의 생명 값은 이보다 훨씬 높아야 한다.

정부는 공무원 처우는 개선하지 않은 채 공무원 인원수만 늘려 뽑는다. 그리고 일자리가 창출되었다고 홍보를 한다. 정부는 공무원이 수만 명 늘었다고 대대적인 자랑을 한다. 현재는 공무원을 너무 많이 뽑아서 번호표를 뽑고 발령 순번 대기를 하는 공무원들이 많다고 한다. 공무원이 되고도 기다리고 있는 현실이 정말로 어처구니가 없다. 일이 필요해서 공무원을 뽑아야 하는데 사람을 뽑아 놓고 일을 만들기 때문에 이런 일이 생기는 것이다. 정부가 하는 짓을 보면 마치 미친x들 같다.

나는 공업고등학교 통신과를 졸업했다. 통신과 40명 중 10명 정도는 한국통신(현 KT)에 들어갔다. KT 직원들은 공무원 신분은 아니었지만, 공기업 직원으로서 공무원에 준하는 대우를 받았다. 그들은 통신을 전공했기에 전화국에서 통신 선로 관련 일을 많이 했다. 그 친구들은 한국통신이 민영화되면서 모두 정년퇴직을 했다. 60세까지 공기업 생활을 하고 정년퇴임을 했는데, 이제는 할 일이 없다고 말한다. 내가 예전에 겪었던 한국통신 사례가 떠오른다. 졸업 후 기업에 입사해 당시 전화국에서 전자교환기 설치 작업을 하던 때였다. 공기업이었던 KT의 전자교환기실을 방문했는데, 3~4명이면 충분히 운영될 자리에 10명이 넘는 직원들이 빼곡히 모여 있는 것을 보고 깜짝 놀랐다. 전자 시스템이 대부분 자동으로 돌아가고 있었는데도, 불필요한 인력들이 그저 자리를 지키고 있었던 것이다. '이 인력들이 과연 어떤 일을 하는 걸까?' 하는 의문이 들 정도였다. 그 후 KT가 민영화된 후 다시 그곳을 방문했는데, 예전에 넘쳐났던 인원들이 3~4명으로 줄어 있었다. 결국 필요 이상의 인력을 유지하고 있던 구조가 민영화 이후 재편되면서, 꼭 필요한 인력만 배치되는 큰 변화를 맞이한 것이다. 그때 나는 '공무원은 사람이 일을 만드는구나'라는 생각을 했다. 최근 공무원 인력이 많이 늘어났다고 하는데, 그들 역시 3명이 해야 할 일을 10명이 하고 있는 건 아닐까 하는 의구심이 든다. 공무원 1명에게 들어가는 세금이 수십억이라고 하니, 단순히 공무원 수를 늘리는 것보다는 정말로 필요한 일자리인지부터 따져 보고 뽑아야 한다.

물론 대부분의 공무원들은 성실하게 평생을 바쳐 일해왔다. 그러나 경직된 조직 문화와 예산의 틀에 묶여 규정을 따르는 데 머무르는 경우가 많다. 그래서일까? 퇴직 후 그들과 이야기해보면 새로운 것에 도전해보려는 마음이 전혀 없는 것처럼 느껴진다.

더 큰 문제는 우리나라 공무원 조직 전체가 마치 '무사대학 안일학과'를 졸업한 학생들처럼 무기력한 사고에 갇혀 있다는 것이다. 이들에겐 주어진 규정과 예산이 무엇보다 중요하고, 그 틀을 조금이라도 벗어나는 일은 위험한 일로 간주된다. 새로운 상황에 직면하면, "이건 규정에 없어"라며 손을 놓아버리는 경우가 많고, 아무리 국민들이 필요로 해도 "예산이 없으니 안 됩니다"라는 안일한 말을 할 수밖에 없다고 한다. 이렇게 철저히 규정과 예산이라는 방패 뒤에 숨어 일을 하다 보니, 창의적이거나 도전적인 업무를 기대하기는 어려워 보인다. 규정은 국민을 위해 존재하는데, 공무원들은 그 규정 뒤에 숨어 책임 회피의 방패로 삼고 있다. 예산이 없으니 안 된다는 한마디는, 절박한 민원인의 마지막 희망을 잘라버리는 무서운 칼날과 같다. 우리나라 공무원들은 말 그대로 무사대학 안일학과 졸업생이 된 셈이다.

군대에 있을 때가 생각난다. 하루 종일 땅을 파고 또 부수고 또 파고를 반복했다. 우리 동네에는 연말만 되면 멀쩡한 보도블록을 파헤치고 새로 깐다. 물어보았다.

"아저씨, 멀쩡한 보도블록을 왜 새로 까나요?"

"우리는 그냥 시키는 대로 하는 사람이에요! 그래야 우리 같은 사람도 먹고살지요!"

쓰레기를 함부로 버리는 사람에게 물어보았다.

"왜 휴지를 휴지통에 버리지 않나요?"

"내가 버려야 줍는 사람이 있잖아요."

어떻게 생각하면 맞는 말 같기도 하고, 어떻게 생각하면 어처구니없는 말 같기도 하다. 전년도 예산을 사용해야 차기 연도에 예산을 또 배정해 준다는 규정이 있기 때문에, 공무원들은 연말만 되면 예산을 모두 소진하느라 정신이 없다. 모두 국민의 혈세인데도 말이다. 예산을 절약했을 때 오히려 상을 줘야 하는 것 아닐까?

봉급이 적은 문제와 무사안일한 업무 처리를 해결할 좋은 방법이 있다. 월급이 적다고 무조건 급여를 올릴 수는 없다. 대신 생산성 향상을 전제로 한 인센티브 제도를 도입하는 것이다. 쉽게 말해, 공무원들이 업무 중 더 나은 아이디어나 새로운 정책을 제안하고, 그것이 실제로 채택된다면 인센티브를 받는 제도다. 내가 기업체에 입사하여 퇴사할 때까지 회사는 늘 생산성 향상을 이야기했다. 그래서 항상 창의적인 생각을 했고, 아이디어가 있으면 아이디어를 제출했다. 그리고 아이디어가 채택되면 인센티브가 뒤따랐다. 그렇게 하여 100억 원 하던 회사가 지금은 5,000억 원을 하는 회사로 성장했다. 이것이 바로 창의적이고 도전적인 정신이 만들어 낸 결과다.

미국의 일부 지방 정부에서는 공무원들이 새로운 정책 아이디어를 제안할 수 있는 아이디어 랩(Idea Lab)을 운영한다. 공무원들이 자신이 속한 지역사회의 문제를 해결하기 위해 내놓은 아이디어가 실제로 채택되면, 인센티브를 받거나 승진에 반영된다. 이러한 시스템은 공무원들이 더 적극적으로 일하게 만들 뿐만 아니라, 국민들에게도 더 나은 행정 서비스를 제공할 수 있는 계기가 된다. 우리나라도 공무원들이 창의적 제안을 할 수 있는 기회를 넓히고, 그것이 실현되었을 때 충분한 보상이 따르는 시스템을 도입한다면 어떨까? 공무원들이 그저 규정에 묶여 있는 것이 아니라, 스스로 문제를 해결하고 국민의 목소리를 반영해 일할 수 있다면, 더 보람 있는 공무원 생활을 할 수 있을 것이다. 그러면 낮은 급여에 대한 부담도 어느 정도 해소될 수 있을 것이다.

나는 대한민국의 공무원 조직이 더 이상 무사대학 안일학과에 머물러 있어서는 안 된다고 생각한다. 공무원들이 규정 뒤에 숨는 이유는 열심히 해도 아무 보상이 없기 때문이다. 안일은 그들의 본성이 아니라, 창의를 질식시키는 경직된 시스템이 낳은 병폐이다. 창의적 제안 보상 제도는 이들에게 숨 쉬고, 생각하고, 도전할 이유를 되돌려줄 것이다. 국민의 목소리를 적극적으로 반영하고, 창의적인 아이디어로 문제를 해결할 수 있도록 자율성과 유연성을 갖춘 조직으로 나아가야 한다.

실제로 스웨덴과 핀란드에서는 창의적인 제안을 하고 그것이 채택되면 보상받을 수 있는 창의적 제안 보상 제도를 운영하고 있다. 공무원들이 단순히 규정을 따르는 일에서 벗어나, 자신이 국민의 삶에 실질적인 변화를 가져올 수 있다는 보람을 느끼도록 해야 한다. 뿐만 아니라, 공무원들이 필요한 예산을 요청할 수 있는 권한을 부여하여, 현실에 맞는 정책을 추진할 수 있도록 해야 한다.

미국의 일부 지방 정부에서 시행하는 참여 예산제처럼, 공무원들이 현장에서 문제를 직접 파악하고 그에 맞는 예산 배정과 정책 집행이 이루어질 수 있도록 권한을 확장하는 방식도 참고할 만하다. 경찰관이 고속도로에서 1만 원을 받아야 했고, 공무원들이 회식비를 위해 상납을 받아야 했던 그 굴욕적인 역사는 낮은 봉급이 공직자의 자존심을 얼마나 깊이 짓밟았는지를 보여준다.

인센티브 제도는 단순히 돈을 더 주는 것이 아니라, 공직자가 비리와 결별하고 떳떳하게 국민 앞에서 월급을 받을 수 있는 명예의 길을 열어주는 것이다. 우리의 공무원들이 규정 준수자가 아닌 문제 해결사로 불리기를 바란다. 그들이 낸 아이디어가 실제로 국민의 삶을 변화시켰을 때, 그들이 느낄 보람과 긍지는 낮은 월급 이상의 가치가 있을 것이다.

이제 더 이상 안정적이지만 가난한 공직자를 만들어서는 안 된다. 공무원 조직 내부에 능력이 보상받는 제도를 만들어야 한다. 유능한 인재들이 이직을 고민하지 않고, 자신의 창의성이 곧 가족의 안정으로 이어지는 선진국형 시스템을 만들어야 한다. 우리나라 공무원들이 자신의 아이디어로 수백억의 예산을 절감했을 때, 그 보상은 단순히 돈이 아니라 "당신이 국민의 삶을 바꿨다"라는 명예가 될 것이다. 나는 국민과 함께 호흡하며, 규정이 아닌 양심과 창의로 일하는 명예로운 공직자를 간절히 기대한다. '무사대학 안일학과'에서 벗어나 '창조대학 도전학과'로 나아가자는 외침은, 무너진 공직자의 자존심과 낮은 봉급을 해결할 수 있는 유일한 길이라고 믿는다.

김영란법

윗물이 맑아야 아랫물이 맑다. 가장 위에 있는 권력자가 비리를 저지르고 법을 지키지 않는다면 그 아래는 말할 필요도 없다.

나의 아버지는 검찰청 주사라는 괜찮은 직업을 가지고 있었다. 그럼에도 우리 집은 늘 가난했다. 그 당시 아버지와 같은 직책을 가진 사람들은 모두 집도 샀고 여유롭게 살았다. 한번은 법대를 나온 큰형이 아버지에게 했던 말이 생각난다.

"아빠, 검찰청에 다니면 모두 부자인데 우리는 왜 이렇게 엄마가 매일 돈을 꾸면서 살아? 아빠도 남들처럼 돈 좀 벌어보면 안 돼?"

그때 아버지가 하신 말씀이 생각난다.

"윤선아, 정직하게 살아라! 그러면 하나님이 축복해 주신다."

교회의 장로님이었던 아버지는 돌아가실 때까지 늘 그 말을 하셨다. 자식들에게 언제나 정직을 가르치셨고, 말뿐 아니라 삶으로 실천하신 분이셨다. 아버지는 정직을 지켜냈지만, 나는 어머니가 돈 꾸러 다니던 그 가난의 그림자를 기억한다. 아버지는 평생 명예를 지켰지만, 그 명예의

대가는 우리 가족의 가난이었다. 부정직한 자에게는 이익이 돌아가고, 정직한 자에게는 희생을 강요하는 사회. 이 왜곡된 구조야말로, 우리가 말하는 부패의 본질이다.

나 또한 중소기업체에서 영업 교육을 할 때 '백만장자 마인드'라는 책을 인용하며 늘 정직의 중요성을 강조했다. 그 책에는 수많은 성공한 백만장자들을 분석한 결과가 담겨 있다. 책에서는 백만장자가 되기 위해 필요한 30가지를 제시하였고, 나는 그중에서도 5위부터 1위까지를 소개하면서 강의를 하였다. 흥미로운 것은 백만장자가 된 사람들의 모습이 우리가 흔히 생각하는 것과는 매우 다르다는 점이다.

> 5위는 다른 사람보다 더 열심히 일하는 것이었고,
> 4위는 다른 사람과 잘 어울리는 것이었으며,
> 3위는 배우자를 잘 만나는 것이었다.
> 그리고 정말 중요한 두 가지가 남는다. 정직과 자기개발이다.
> 즉, 공동 1위는 정직한 사람과 자기개발을 잘하는 사람이 성공한다는 것이다.

보통 사람들은 상속을 많이 받았거나, 일을 유난히 잘했거나, 말을 잘하거나, 혹은 든든한 '빽'이 있어서 성공했다고 생각한다. 그러나 실제로는 전혀 다르다. 배우자를 잘 만나고 다른 사람과 잘 어울리며 자기개발을 잘하면서 정직한 사람이 끝내 성공한다. 나 또한 60이 넘게 살다 보니 결국 마지막에 성공하는 사람은 정직을 지켜온 사람이라는 사실을 여러 번 확인하게 된다.

나는 LG그룹을 참 좋아한다. 내가 24년 동안 다닌 회사이기 때문이 아니라, 늘 정직하고 공정한 것을 가르치는 회사였기 때문이다. 회사에서 가장 인상 깊게 남아 있는 기억이 있다. 모든 회사원이 경비 쓰는 내용을 전 직원이 볼 수 있도록 컴퓨터 프로그램을 만든 것이다. 직원이기만하면 누구나 볼 수 있었다. 지금 생각해 보아도 정말로 획기적인 시스템이었다. 사장님이 점심 때 얼마 짜리 식사를 했고 전무님이 영업비를 얼마를 썼고 김 대리가 교통비를 얼마를 썼는지까지 모두 검색이 가능했다. 처음에는 신기해서 팀장님, 사장님이 돈 쓰는 내역을 많이 보았는데 얼마 지나니 내 지출도 그대로 올라오는 것을 보고는 뜨끔할 때가 있었다. 그렇다. 그렇게만 하면 회사의 비리는 없어진다. 나는 24년간 그 투명한 시스템 안에서 떳떳하게 일했다. 우리가 꿈꾸던 나라는 이미, 내가 다니던 회사 안에서는 아주 간단한 프로그램 하나로 운영되고 있었던 셈이다. 그런데 왜 국가는, 이 간단한 시스템조차 구현하지 못하는 것일까! 이것은 기술의 문제가 아니라 의지의 문제이다. 모두가 서로를 지켜보는 투명한 장치 하나만으로도 수천억 원의 세금이 낭비되는 것을 막을 수 있다. 정치권이 이 간단한 투명성을 거부하는 이유는 너무나도 명백하지 않은가?

내가 회사에 다닐 당시, '김영란법 김영란법'이라는 말이 계속 나왔다. 그래서 문득 궁금해졌다. 김영란은 누구이며, 왜 기존에도 부정부패 방지법이 있는 것으로 아는데 굳이 '김영란 법'이 만들어 졌을까?

우리나라의 부정부패는 어제오늘의 일이 아니다. 조선시대의 탐관오리부터 현재에 이르기까지, 권력자와 공직자들이 사리사욕을 채우는 일은 끊임없이 반복되어 왔다. 이러한 부패의 고리를 완전히 끊어내기 위해 그동안 수많은 법령과 규제가 제정되었다.

1999년 국무총리 훈령으로 제정된 공직자 10대 준수사항은 공직자의 생활 전반에 걸친 부패 방지와 기강 확립을 목표로 하여 다음과 같은 조항들을 포함하고 있다.

1. 경조사 고지 및 축·조의금 접수 금지
2. 향응 및 골프 접대 금지
3. 퇴직 및 전출 시 전별금, 촌지 수수 금지
4. 호화 유흥업소 출입 금지
5. 고위 공직자 부인 모임 전면 해체
6. 가족 및 친지의 관용차 사용 금지
7. 호화 호텔 및 호화시설에서의 결혼식 금지
8. 고급 의상실 출입 금지
9. 정당 및 국회의원 후원회 가입 및 후원금 기부 금지
10. 공직자 부인들의 사회 활동 및 모임 금지

이 10대 준수사항은 당시 공직자들이 쉽게 빠질 수 있는 부패의 고리를 차단하고자 마련된 것이지만, 이게 현실에 맞을까? 이 법을 만든 사람들은 과연 이것이 현실에서 실현 가능하다고 믿고 만든 것일까. 대부분 현실과 맞지 않는 부분이 많았고, 결과적으로 지켜지지 않는 경우가 허다했다고 한다. 특히 1번과 2번, 경조사 고지조차 하지 말고 축·조의금을 받지 말라는 발상은 얼마나 탁상공론식 행정인가? 그것이 지켜진다고 보고 국무총리 훈령을 만든 건가. 참으로 어처구니가 없었다.

그 후 2001년, 내부 고발자 보호와 부패방지위원회 신설을 중심으로

하는 '부패방지법'이 통과되었다. 그런데 희한한 것은 국회 통과 직전에 공직자 윤리규정과 관련된 업무 외 소득 제한과 부정 공직자의 취업 제한 같은 중요한 조항들이 삭제된 것이다. 국회의원들이 자신들의 이익과 충돌하는 항목들을 쏙 빼버린 결과였다. 그 때문에 부패방지법은 만들어지자마자 '빈 껍데기'가 되었다는 비판을 받았다. 나는 왜 정치인들을 정자보다 못한 놈이라고 말하는지 그 이유를 알 것 같다. 어떻게 그렇게 매번 잘 빠져나가는지, 국회의원만 생각하면 울화통이 터진다. 이런 분노를 느끼는 게 과연 나만의 일일까?

결국, 공직사회의 부패를 근절하기 위해 새로운 법안이 필요해졌다. 그 결과 2015년에 제정된 것이 바로 '김영란법'이다. 김영란법은 최초의 여성 대법관이었던 김영란 전 국민권익위원장이 입안한 법률로, 부정 청탁과 금품 수수를 금지하는 내용을 담고 있다. 2016년부터 시행된 김영란법은 공직자뿐만 아니라 국회의원, 언론인, 사립학교 교직원 등도 그 대상에 포함시키며, 범위를 넓혔다.

이 법의 제정 배경에는 2011년에 발생한 '벤츠 검사 사건'이 있었다. 당시 현직 검사가 변호사로부터 사건 청탁을 받은 대가로 고가의 벤츠 차량과 명품 가방을 받았지만, 대가성이 입증되지 않아 무죄 판결이 내려졌다. 이 사건은 국민의 공분을 샀고, 이 계기로 부정 청탁을 명확하게 규제하는 법안의 필요성이 대두되었다. 그 결과, 김영란법이 탄생한 것이다.

김영란법의 핵심은 세 가지이다.

'금품 수수 금지, 부정 청탁 금지, 외부 강의료 및 수수료 제한'

초기에는 음식물 3만 원, 선물 5만 원, 경조사비 10만 원을 상한선으로 정했지만, 2017년부터 선물의 상한선이 10만 원으로 조정되었고, 2021년에는 농수산물 선물에 한해 20만 원까지 허용되었다. 이러한 변화는 물가가 올랐으니 상한선을 조정해야 한다는 의견을 반영한 것이다.

그런데 아직까지도 공직 사회의 부패가 사라지지 않았다. 지금도 재판을 받고 있는 대장동 비리는 수십억, 수백억이 아니라 수천억을 해 먹었다고 한다. 이제는 단위가 '억억' 하니 기가 막힌다. 권력자들의 카르텔이 정말 무섭다. 판사는 물론이고 대법관까지 로비하여 이루어지는 범죄가 실제 일어났다. 이제 대한민국은 영화제목처럼 '범죄 도시'가 된 것이다. 법이 더 이상 아무런 의미를 갖지 못한다. 권력 카르텔이 그 신뢰를 해체하는 순간, 법치주의는 무너지고 무법 상태로 돌아간다.

우리는 지금 그 붕괴의 경계선에 서 있다. 권력자들은 멋대로 비리를 저지르고 서로 보호해주는 카르텔을 만들어 엄청난 비리를 계속 저지르고 있다. 나는 실수로 신호 한 번 위반할까 두려워하고, 주차 딱지에도 벌벌 떤다. 이것이 선량한 시민이 법을 대하는 태도이다. 그런데 수백억을 해 먹고도 퇴직금이라 우기며 뻔뻔한 그들의 모습은, 우리를 호구로 여기는 오만 그 자체이다. 법은 약자에게만 무섭고, 강자에게는 카르텔의 방패막이 된 것이다. 대한민국의 마지막 보루인 판사들마저 로비를 당하니 말이다. 물론 극소수의 일이겠지만, 극소수라 하더라도 판사가 그래서는 안 된다. 누구보다 공정해야 할 판사가 정치권과 함께 놀아난다면, 법에 대한 신뢰는 무너질 수밖에 없다. 최후의 양심, 우리의 암행어사라 믿었던 판사마저 그들과 결탁했다는 소식은, 이 나라의 정신적 기둥이 뽑힌 것과 같다. 법이 무너지면, 정직하게 살았던 내 아버지의 가르침도, 내 친구의 낮은 봉급도 모두 의미를 잃는다. 정직하게 살 이유가 사라지는 것이다.

그 옛날 암행어사가 생각난다. 비리를 저지르는 탐관오리를 암행어사가 공정하게 처단하는 것을 보면서 우리는 통쾌해 했다. 오늘날 그 암행어사의 역할을 해야 할 존재가 바로 판사다. 그런데 판사가 정치권과 결탁하여 비리를 저지른다. 나라가 망해가고 있다. 가장 법을 지켜야할 최고 위치에 있는 사람이 대법원장인데, 그가 돈을 받고 비리를 저질렀다고 하니 정말이지 말이 안 나온다. 김영란법에서는 10만 원, 20만 원 가지고 법을 만들었는데 이들은 수십억, 수백억, 수천억씩 비리를 저지르고도 국민 앞에 뻔뻔하게 나선다. 참으로 어처구니가 없다. 정말 대한민국의 법치국가는 무너지고 있는 것이 아닌지 묻지 않을 수 없다.

공무원의 부패는 단순한 개인의 도덕적 결함이 아니라, 그 뒤에서 그들을 유혹하고 조종하는 그림자들이 깊숙이 개입한 결과이기도 하다.

덴마크는 2023년 부패 인식 지수에서 세계 1위를 차지한 가장 청렴한 나라이다. 덴마크가 이러한 성과를 이룰 수 있었던 이유는 단순한 법적 규제만이 아니라, 체계적인 시스템과 공직자 윤리 교육, 그리고 강력한 내부 고발자 보호 제도가 있었기 때문이다.

구체적으로 덴마크의 성공적인 청렴 정책을 살펴보면 다음과 같다.

덴마크에서는 모든 공직자의 의사결정 과정이 투명하게 공개된다.

예를 들어, 공공 프로젝트와 관련된 모든 회의록과 계약 내용은 별도의 플랫폼에 게시되며, 누구나 접근할 수 있도록 한다. 주요 인허가권을 가진 공무원은 누가, 언제, 어떤 사안으로 접촉했는지 상세히 기록하며, 이를 정부 웹사이트에 공개해야 한다. 이를 통해 공직자들이 그림자들의 영향에서 벗어날 수 있도록 유도한다.

덴마크에서는 공직자에게 100크로네(약 1만 5천 원) 이상의 선물도 금지한다.

작은 선물이라도 일종의 청탁으로 간주하기 때문에, 공직자는 원칙적으로 어떤 종류의 선물도 받을 수 없다. 이를 어길 경우 직위에 따라 높은 금액의 과태료와 법적 처벌이 뒤따른다. 덴마크는 이 제도를 통해 '작은 선물이 큰 부패의 시작'이라는 인식을 철저히 교육하고 있다.

또한 덴마크의 내부 고발자 보호 제도는 세계에서 가장 강력하다.

내부 고발자가 불이익을 당하지 않도록 철저한 법적 보호 장치를 마련하고, 고발자의 신원을 철저히 비밀로 유지한다. 뿐만 아니라, 내부 고발자에게는 재정적 보상뿐만 아니라, 고발 이후에 새로운 직무를 제공하여 공직사회에서의 경력을 계속 이어갈 수 있도록 배려한다. 이로 인해 공직자들이 자신 있게 부패 행위를 신고할 수 있는 환경을 조성했다.

우리는 아버지가 가르쳐준 정직을 지켰지만, 사회는 그 정직한 자를 지켜주지 않았다. 이제 국가는 덴마크처럼 정직한 자에게 명예를 돌려주고, 그들을 보호할 책임이 있다. 윗물이 맑아야 아랫물이 맑다는 말은, 윗물이 스스로 맑아지기로 결단해야만 실현될 수 있는 것이다!

몇 년 만에 대한민국의 법치는 무너졌다. 법치국가를 다시 만들어야 한다. 내가 다니던 회사처럼, 모든 공직자가 쓰는 법인카드를 전 공무원이 투명하게 볼 수 있도록 공개해야 한다. 그런 시스템을 만드는 것은 정말 간단하다. 김영란법의 10만 원이니 20만 원이니 하는 소모적인 논쟁도 지겹다. 법인카드 공개는 이 싸움을 끝내는 최고의 해결책이다. 숨길 것이 없다면 두려워할 이유도 없다. 공직자가 먼저 투명하게 자신을 공개할 때, 국민은 비로소 그들을 존중하고 믿기 시작할 것이다. 그러면 누구라도 내가 쓰는 돈을 보기 때문에 공정하게 쓸 것이다. 그러면 김영란 법도 지켜지고 공무원들의 비리 또한 단번에 척결될 것이다. 그런데 이런 것을 안 하는 것인가? 못하는 것인가? 안 하는 것이다. 그들이 정치인들이다. 앞으로 정치인들을 척결해야 할 시대가 도래할 것이다. 법은 지키라고 만든 것이다. 정치인들의 카르텔을 깨는 것은 결국 선량하고 정직한 국민들의 힘이다. 우리는 정직하게 살 자격이 있고, 투명한 나라에서 살 권리가 있다. 이제 더 이상 비웃음거리가 되지 말고, 우리가 먼저 투명해질 것을 요구하자. 그래야만 내 아버지가 믿었던 정직의 가치가 이 땅에서 영원히 승리할 수 있다!

윗물이 맑으면 아랫물도 당연히 맑아진다. 우리는 더 이상 윗물이 맑아지기를 기다릴 여유가 없다. 이제 국민의 힘으로 그들의 정보 공개를 강제하고, 투명성이라는 빗장을 걸어 잠가야 한다. 그것이 정직하게 살아온 아버지와 모든 시민의 명예를 회복하는 유일한 길이다.

66

어느 공무원의 죽음

99

　얼마 전 드럼 학원을 다니며 겪은 사건이다. 매번 차를 몰고 다니며 학원 근처에 주차하곤 했는데, 하루는 수업을 마치고 나오니 불법 주정차 딱지가 붙어 있었다. '아이고, 또 벌금 내야겠네. 앞으로 조심해야지'라고 생각했지만, 며칠 후, '이 시간엔 괜찮겠지' 하는 안일한 생각으로 다시 주차했고, 또다시 딱지가 날아왔다. 결국 벌금을 또 냈지만, 내게 불만이 쌓이기 시작했다. 그러던 중 다이소에서 잠깐 물건을 사고 10분 주차했는데, 또 한 장의 딱지가 와 있었다. '아니, 이번에도?' 이번엔 화가 머리끝까지 치밀었다. 사진을 확대해 보니, 놀랍게도 경찰이 아니라 일반 시민이 스마트폰으로 찍어서 신고한 것이었다. 분노한 나는 즉시 민원 담당 공무원에게 전화를 걸어 따져 물었고, 1시간 가까이 실랑이를 벌였다. 더 화가 났던 건, 이번 딱지까지 모두 똑같은 장소도 아닌 다른 각도에서 찍힌 사진들이었다는 것이다. 그런데 가만히 생각해 보니 내가 화가 난 것은 법이 불공평해서가 아니라, 내가 편의를 위해 저지른 위법 행위가 발각되어 손해를 보았다는 사실 때문이었다. 내 안의 부끄러운 이기심이 발동한 순간이었다.

'내가 지금 공무원에게 진상을 떨고 있는 건가?' 문득 이런 생각이 스쳤다. '나 같은 사람이 하루에 10명만 전화를 걸어도 공무원들은 얼마나 힘들까?' 결국 "알겠다"고 하고 전화를 끊었다.

오늘날 대한민국은 민원 왕국이라 불릴 정도로 민원이 넘쳐나고 있다. 사실, 민원 제도는 국민의 권익을 보호하고, 행정의 투명성을 확보하기 위해 시작되었다. 처음에는 잘못된 행정 처리를 바로잡고, 국민의 불편을 해결하는 데 목적이 있었으나, 시간이 지나면서 민원 제도의 순기능이 약화되고, 악성 민원인들의 무기로 변질되기 시작했다.

민원 제도는 2000년대 초부터 본격적으로 도입되어, 국민의 목소리를 행정에 반영하기 위해 확대되었다. 하지만 최근 민원의 양은 폭발적으로 증가하여 현재는 연간 1,200만 건 이상이 접수되고 있다. 정말로 어마어마한 양이다. 특히, 불법 주정차와 같은 교통 문제 관련 민원이 가장 큰 비중을 차지한다. 민원의 급증은 단순히 국민의 권리를 보호하는 수준을 넘어 공무원들에게 과도한 스트레스를 유발하고 있다. 민원 처리에 집중하다 보면, 본연의 업무를 수행할 시간이 부족해지며, 반복적으로 발생하는 악성 민원은 공무원들을 심리적으로 압박한다. 이로 인해 일부 공무원들이 스트레스로 인한 극단적인 선택을 하게 되는 안타까운 사건들이 발생하고 있다. 이러한 사건들은 우리 사회에 깊숙이 자리 잡은 악성 민원의 심각성을 여실히 드러내며, 공직 사회의 고통과 그늘진 현실을 고스란히 보여주고 있다.

2024년 3월, 경기도 김포시청의 30대 9급 공무원 A 씨는 안타까운 선택을 했다. 김포한강로 보수 공사로 인한 차량 정체 민원에 시달리던 그는, 온라인 카페에 신상 정보까지 공개되며 극심한 스트레스를 겪었던 것으로 알려졌다. 새벽 2시까지 울리는 민원 전화에 시달렸다는 동료들의 증언은 그가 감당해야 했던 고통의 무게를 짐작하게 한다.

우리는 그가 짊어졌던 민원의 무게가, 한 젊은 공무원의 삶을 짓눌러 꺼뜨린 사회적 폭력이었다는 사실을 직시해야 한다. 꽃다운 나이에 공무원으로서의 꿈을 펼치기도 전에 악성 민원에 짓밟힌 그의 죽음은 우리 사회에 큰 슬픔과 함께 무거운 질문을 던졌다.

이에 앞서 2023년 7월에는 서울 서이초등학교의 20대 신규 교사가 스스로 생을 마감하는 안타까운 사건이 발생했다. 갓 임용된 새내기 교사였던 그는 학부모로부터 지속적인 민원에 시달렸다는 의혹이 제기되었다. 특히 학교폭력 사안 처리 과정에서 겪었던 학부모의 과도한 요구와 폭언은 그를 극단적인 선택으로 내몰았을 가능성을 시사한다. 어린 학생들의 미래를 위해 헌신하려 했던 젊은 교사의 비극적인 죽음은 단지 교권 추락의 문제가 아니었다. 그것은 국민을 위해 봉사하는 공무원들이 정당한 민원 처리 과정에서 보호받지 못하고, 때로는 감당하기 힘든 악성 민원에 홀로 노출되어 극단적인 상황까지 내몰리는 우리 사회의 비겁한 민낯을 드러냈다. 이들의 안타까운 죽음은 더 이상 개인의 문제로 치부할 수 없으며. 공직 사회의 근무 환경 개선과 악성 민원에 대한 사회적 인식 변화, 그리고 실질적인 보호 방안 마련이 시급함을 역설하고 있다.

국민을 위해 봉사하는 공무원들이 정당한 민원 처리 과정에서 보호받지 못하고, 때로는 감당하기 힘든 악성 민원에 홀로 노출되어 극단적인 상황까지 내몰리는 현실은 깊은 우려를 자아낸다. 이들의 안타까운 죽음은 더 이상 개인의 문제로 치부할 수 없으며, 공직 사회의 근무 환경 개선과 악성 민원에 대한 사회적 인식 변화, 그리고 실질적인 보호 방안 마련이 시급함을 역설하고 있다.

우리는 이 두 젊은 공무원의 희생을 헛되이 하지 않아야 한다. 다시는 이러한 비극이 되풀이되지 않도록, 건강한 공직 사회를 만들고 존중과 배려의 민원 문화를 정착시키기 위한 노력이 절실하다. 그들의 안타까운 죽음이 우리 사회에 던진 메시지를 깊이 새기고, 보다 성숙하고 안전한 사회를 만들어 나가야 할 것이다.

내가 잠시 오피스텔에 살 때였다. 아침에 나가 보니 앞 범퍼가 심하게 긁혀 있었다. 순간 화가 치밀어 올랐다. 분명히 옆에 있는 차가 긁고 지나간 자국이었다. 긁힌 자국은 선명했고, 손으로 만져보니 긁힌지 얼마 되지 않은 듯 손에 이물질이 묻어 나왔다. 나는 내가 먼저 그 차량을 찾은 후 변상을 받으면 경찰서에 뺑소니로 신고할 필요가 없기 때문에 내가 먼저 차량을 찾기로 했다. 그날 밤 12시까지 찾았는데 찾지를 못했다. 다음 날 저녁에도 찾기 시작했고, 마침내 내차와 같은 높이에 긁혀 있는 차를 발견했다. 나는 차에 적힌 전화번호로 전화를 하였다. 전화를 받자마자 이렇게 이야기하였다.

"차를 부딪히고 가셨으면 연락을 남기고 가셨어야죠. 왜 그냥 가셨습니까?"

상대방은 무슨 소리냐고 했다.

"제 차와 긁힌 위치가 정확히 일치합니다. 긁힌 자국 말입니다."

나는 확신하였기 때문에 다시 물었다.

"좋게 해결하고 싶은데, 자꾸 그러시면 경찰서에 신고하겠습니다."

그분은 경찰서에 신고하라고 한다. 나는 실제로 신고하였고 경찰관

두 분이 나오셨다. 경찰관은 블랙박스부터 보자고 하였다. 나는 내 차의 긁힌 부분과 그분 차의 긁힌 위치를 가리키며 높이가 정확히 일치한다는 말만 되풀이했다. 하지만 경찰관은 블랙박스에 사고 장면이 잡히지 않았다며 증거가 있어야 한다고 했다. 나는 화를 냈다.

"왜 자꾸 저분 편만 드시냐고요! 이렇게 긁힌 자국이 일치하는데!"

경찰관은 경비실로 가서 CCTV를 확인하자고 했다. 그러면 그분의 차가 어디에 주차했고 언제 언제 출발했는지 알 수 있다고 하였다. 나는 경찰관과 같이 CCTV영상을 확인하면서도 100% 그분의 차가 긁혔을 것이라고 확신하였다. 그러나 확인 결과, 그 차량은 내 차를 긁지 않았다는 사실이 CCTV로 명확히 증명되었다. 나는 그분에게 너무 죄송해 사과를 하였다. 경찰관은 그분에게 무고죄로 신고할 수도 있다고 하며 신고 의사가 있는지 물었고, 그분은 괜찮다고 했다. 범인이라고 확신하며 몰아붙인 내가 거꾸로 무고죄로 처벌받을 뻔한 사건이었다. 지금 생각하니 경찰분에게도 미안했다. 나는 내 눈으로 보고 확신한 것도 사실이 아닐 수 있다는 것을 깨달았다. 이 세상에는 내가 옳다고 주장하는 일들이 참 많지만, 결국 민원의 대부분은 확증 편향에 기댄 나의 주관적인 판단일 때가 많다. 상대방 입장에서 보면 오히려 충분한 이유가 있는 것들이 많다는 것이다.

최근 1년 이내 퇴사하는 공무원 비율이 높아지고 있는데, 그 주요 원인으로는 악성 민원이 지목되고 있다. 특히, 민원 처리 부서에서 일하는 공무원들은 업무 외에도 지속적인 민원인의 감정적인 공격에 시달리고 있다. 이로 인해 많은 신입 공무원이 스트레스를 감당하지 못하고 퇴사하거나 직장을 옮기는 상황이 빈번하게 발생하고 있다. 앞으로 공무원 보호를 위해서는 민원 관리 및 악성 민원인에 대한 제도적 보완이 필요할 것으로 보인다. 외국에서는 이러한 문제를 해결하기 위해 다양한 제도적 장치를 마련하고 있다. 예를 들어, 일본은 민원을 제기할 때 민원인의 신원을 철저히 검증하고, 악성 민원인에게는 법적 제재를 가하거나 일정 기간 동안 민원 접수를 제한하는 조치를 시행하고 있다. 미국의 일부 주에서는 민원을 접수할 때 악성 민원 여부를 분류하여, 악성 민원으로 판단될 경우 해당 민원인의 요구를 정식 처리 절차에서 제외할 수 있는 법적 근거를 마련했다. 독일은 민원을 제기할 때 보증금을 요구하여, 불필요한 민원 남용을 방지하고, 민원의 투명성과 공정성을 확보하고 있다.

이처럼 선진국들은 공무원의 권익을 보호하고 민원 남용을 방지하기 위해 적극적으로 대처하고 있다. 한국에서도 이제는 공무원을 보호할 수 있는 제도적 장치를 마련하고, 악성 민원을 강력히 제재해야 한다. 공무원들이 단순히 참아야 한다는 논리를 넘어, 국민의 목소리를 진정으로 반영할 수 있는 환경을 제공할 때, 공무원과 국민 모두가 행복한 사회를 만들 수 있을 것이다.

지금 이 순간에도 수많은 공무원들이 악성 민원으로 인해 고통 받고 있다. 우리는 이 문제를 더 이상 두고 볼 수 없다. 외국의 사례를 참고하여, 민원을 접수할 때 민원인의 신원을 철저히 검증하고, 민원 남용 방지를 위해 일정 요건을 갖추도록 하는 것이 필요하다. 이를 통해 정당한 민원과 악성 민원을 명확히 구분하여, 불필요한 감정 노동을 줄일 수 있을 것이다.

이제는 모두가 민원을 올바르게 사용하고, 공무원들이 안전한 환경에서 국민의 목소리를 반영할 수 있도록 함께 노력해야 할 때이다. 민원을 제기하려 한다면, 이 말을 명심하고 진행하면 좋을 것이다. '사람을 지키는 민원인가? 사람을 해치는 민원인가?' 공무원들이 존중받고, 국민의 권리도 보호받을 수 있는 사회, 그것이 우리가 만들어 가야 할 미래이다.

선생님 그 8시간의 의미

"니 아버지 뭐하시노!"

영화 '친구'의 명대사다. 학생이 대답한다.

"장의사입니다."

"이 새끼가! 장의사이면 공부를 열심히 해야지!" 하면서 따귀를 때린다. 또 다른 학생에게 묻는다.

"니 아버지 뭐하시노?"

"건달입니다."

그러자 선생님은 "이 새끼가!"라고 하며 갑자기 시계까지 풀어 던지고, 거칠고 잔혹한 소리와 함께 귀싸대기를 내려친다. 쓰러진 학생을 발로 짓밟기까지 한다. 이 짧지만 강렬한 장면은 당시 엄격했던 체벌 문화를 적나라하게 보여준다.

어린 시절, 나는 유독 내성적인 아이였다. 특히 사람들 앞에서 말하는 것은 나에게 너무나 큰 두려움이었다. 초등학교 6학년 어느 날, 수업 중에 선생님께서 나를 부르시더니 다른 반 선생님들께 모두 우리 반으로 모이라고 전하라는 심부름을 시키셨다. 당시 6학년 1반이었던 우리 반 선생님이 왜 다른 선생님들을 굳이 우리 반으로 부르셨는지는 지금도 의문이다. 교무실에서 만나셔도 될 일이었는데 말이다. 자리에서 일어나 머뭇거리며 교실 문을 나섰다. 말을 더듬는 나에게 이런 심부름은 정말 커다란 시련이었다. 다른 반 문을 하나씩 열고 "우리 담임선생님께서 모이시랍니다"라고 말할 때마다, 학생들은 물론 다른 선생님들의 시선이 나에게 쏠리는 순간들이 참 힘들었다. 그런 일이 반복될수록 어린 마음에 선생님에 대한 원망이 쌓여만 갔다. '왜 하필 나만 이런 일을 시키실까?' 생각하며 선생님이 미웠던 기억이 선명하다. 더욱 황당했던 일은, 학부모가 다녀간 날이면 선생님은 꼭 우리에게 "XXX 어머님이 다녀가셨으니까 너희도 부모님께 학교에 오라고 해라"고 말씀하셨던 것이다. 아마 그 학부모는 선생님께 작은 선물이나 돈을 드리고 간 듯했다. 우리 집은 아들만 넷이라 육성회비도 못 낼 형편이었기에, 그런 말을 어머니께 드릴 수도 없었다. 늘 위축되고 소외감을 느꼈다. 선생님이 우리를 차별적으로 대하는 것 같다는 불신이 쌓여갔다.

시간이 흘러 나도 결혼을 하고 아이를 낳았다.

회사에 다니느라 정신없이 바쁘게 살던 어느 날, 집사람에게서 큰아이 담임선생님이 "아이가 산만하니 학교에 좀 오라"는 연락을 했다는 이야기를 들었다. 집사람은 아이가 딱히 산만하지 않은데 왜 오라고 하는지 궁금해서 같은 학교에 다니는 학부모에게 물어보았다고 한다. 그 학부모는 책 같은 데다 돈을 넣어드렸다고 귀띔해 주었다고 한다. 집사람은 나에게 이야기하지 않은 채 학교를 찾아가 책 속에 현금을 넣어 드렸다고 한다. 아이가 초등학교를 졸업하고 한참이 지난 후에야 집사람은 나에게 그 이야기를 털어놓았다. 왜 학교에서 선생님들이 돈을 받았을까? 당시에는 '치맛바람'이라는 것이 있었다. 자녀를 잘 봐 달라는 뜻으로 뇌물을 주는 경우가 있었고, 이로 인해 촌지라는 문화가 자리 잡았다. 과도한 고가의 선물이 오가기도 했고, 심지어 학급 운영이나 반장 선거에까지 학부모가 개입하는 일도 있었다.

어느 날 전교조가 등장했을 때, 나는 한 줄기 희망을 품었다. 선생님들이 더 이상 학부모에게 사례금을 바라지 않고, 교사 본연의 권리를 지키며 아이들을 제대로 교육할 수 있을 것이라 기대했기 때문이다. 과거 사례금에 흔들리던 교사 사회를 바로잡고, 진정한 교육의 모습이 자리 잡기를 바랐다. 비록 학생이 아닌 직장인이 된 후였지만, '이제는 교사들도 변화될 수 있겠구나'라는 기대감에 나는 전교조를 적극적으로 지지했다. 우리는 오랜 부조리였던 촌지가 사라진 교단에서, 비로소 스승과 제자가 돈이 아닌 마음으로 마주 서는 새 시대의 교육을 꿈꾸었다. 그러나 그 희망은 오래가지 못했다. 전교조는 교사들의 권리를 지키겠다는 명목으로 출발했지만, 어느 순간부터 방향을 잃기 시작했다. 학생 인권을 강조하기 시작하면서, 교사들이 학생을 훈육하고 교육할 권한은 점점 더 줄어들었고, 결국 교실 속 교사는 지도자가 아닌 서비스 제공자처럼 되어버렸다. 학생 인권이라는 이름 아래, 교사들은 학생들의 눈치를 보며 지시하기조차 어려운 처지에 놓였고, 학생들은 그 틈을 타 교사들을 무시하거나 반발하는 일이 비일비재해졌다. 선생님이 한마디라도 강하게 지도하면 학생들은 "이건 인권 침해예요!"라고 외쳤고, 그 즉시 교육청에 신고하는 사태가 벌어지기 일쑤였다. 특히, 전교조가 주도하여 학생 인권 보호를 강화하면서 체벌 금지 조항이 법제화되었고, 교사들의 지도 권한은 더욱 약해졌다. 그 결과, 선생님들은 학생들에게 아무런 권한도 발휘하지 못하게 되었다. 그렇게 권위를 잃은 교사들 앞에서 학생들은 자유를 만끽하고, 교실은 더 이상 배움의 공간이 아닌, 교사의 무기력함을 목격하는 곳이 되고 말았다. 학생들의 인권 보호가 점점 진행되면서 문제는 더욱 노골화되고 폭력까지 동반하는 일들이 계속 발생했다. 우리 아이를 나무랐다고 학부모가 학교에 와서 아이들이 보는 앞에서 선생님의 뺨을 때리는 일도 있었고, 학생이 자는데 깨웠다고 선생님을 폭행하거나, 심지어 선생님 수업 시간에 바닥에 누워 핸드폰을 보면서 인터넷을 하는 아이들까지 생겼다. 그런데도 선생님이 제재를 가할 수 없는 어처구니없는 일들이 일어나고 있는 것이다. 교실은 배움의 성지여야 했다. 그러나 이제는 선생님의 무덤이 되고 있다. 도대체 교육청에서는 무엇을 하고 있으며 교육감들은 무엇을 하고 있는 건지 정말 한심할 따름이다. 아이들이 폭력을 휘둘러도 다른 학교에 전학 보내는 것이 매뉴얼이라는 말을 듣고 큰 충격을 받았다. 폭력을 행하면 처벌을 해야지, 다른 학교에 보낸다고 폭력하는 버릇이 없어질까? 도대체 누가 이런 조례들을 만들었는지 한심하기만 하다.

스승의 날도 변했다. 과거에는 학부모들이 선생님께 작은 선물과 감사의 인사를 전하며 존경의 마음을 표하곤 했다. 하지만 지금은 스승의 날 선물 금지라는 규정이 생기면서, 학부모들은 괜한 오해를 살까 봐 선을 긋고, 선생님들 역시 스승의 날이 반갑기보다 부담스러운 날이 되었다. 예전에는 스승의 날만큼은 교사와 학생, 학부모 모두가 서로의 존재를 소중히 여기고 감사하는 마음을 나눴는데, 이제 스승의 날은 무관심과 오해 속에서 마지못해 치르는 형식적인 행사로 변해버렸다. 사례금이 사라진 것은 분명 교육의 투명성을 높이는 좋은 변화였다. 하지만 그와 함께 선생님들에 대한 존경과 교사의 권위도 함께 사라진 지금의 현실은 더 심각한 문제를 낳았다. 학생 인권은 지나치게 강조되었고, 교사의 권리는 철저히 무너졌다. 이제 교사들은 학생에게 "안 된다"라고 말할 수조차 없고, 반대로 학생들은 작은 제재에도 "내 인권을 침해한다"라며 반발한다. 교사들이 무력감을 느낄 수밖에 없는 상황에서, 과연 올바른 교육이 이루어질 수 있을까?

이런 상황 속에서 성장한 학생들이 어른이 되었을 때, 가정과 사회는 더욱 혼란스러워질 수밖에 없다. 아니, 벌써 지금 사회적인 문제가 실제 일어나고 있다. 지하철이나 버스에서 어린 학생들이 할머니, 할아버지에게 욕설을 퍼붓는 경우는 우리가 흔히 볼 수 있는 광경이다. 옛날에는 상상도 못 할 일이 잘못된 조례 때문에 습관화되어서 학생의 질을 떨어뜨려 놓은 것이다. 부모님의 말을 무시하고, 어른들을 비웃고, 심지어 부모에게 폭력을 휘두르는 청년들이 늘어나는 이 현실이 언제까지 지속될지 심히 걱정된다.

이제 우리가 진정 고민해야 할 것은 '교사의 권위와 존중을 어떻게 회복할 것인가'이다. 선생님이 존경받지 못하고, 학생의 눈치를 보며 하루를 보내야 하는 현실에서는 어떤 교육도, 어떤 배움도 온전히 이루어질 수 없기 때문이다. 교실은 다시 가르침의 공간으로 돌아와야 한다. 학생 인권을 지키는 것도 중요하지만, 그와 동시에 선생님이 진정한 스승으로서 존중받고, 교육의 본질을 지킬 수 있도록 우리가 함께 고민해야 한다. 교사들의 8시간이 단순한 감정 노동의 장이 아니라, 진정한 교육의 시간이 되도록 하기 위해서는 무엇을 해야 할까? 폭력적으로 변하는 학생들에게 어떻게 올바른 인성관을 가진 사람으로 육성해야 할까?

교사가 학생의 비행이나 학부모의 악성 민원에 대응할 때 법적으로 보호받을 수 있는 구체적인 근거를 마련해야 한다. 교사 보호법을 제정하여 교사가 부당한 폭언이나 협박을 받을 경우, 교육청 차원에서 교사를 법적으로 지원하고, 상황에 따라 필요한 조치를 즉각 취할 수 있도록 해야 한다. 학생의 인권은 보장되어야 하지만, 교사들의 지도 권리도 함께 존중되어야 한다. 교육 현장에서 학생의 행동을 지도할 때, 그것이 인권 침해가 아니라 정당한 교육적 권리임을 명확히 규정해야 한다. 그리고 교사의 정당한 지도 행위를 법적으로 보호하고, 교사가 학생을 올바르게 훈육할 수 있는 기준을 마련해야 한다. 예를 들어, 학생의 무례한 행동이나 비행에 대해 교사가 즉각적으로 경고하고, 필요한 경우 강력하게 제지할 수 있는 권한을 보장해야 한다. 체벌 대신 교육적 징계 방안을 도입하여, 학생이 잘못된 행동을 할 경우 교사가 그에 대해 분명히 지적하고, 그에 맞는 교육적 처벌을 할 수 있는 제도를 마련해야 한다.

교사들이 자부심을 갖고 학생들과의 관계에서 진정한 스승으로서 존중받을 수 있을 때, 교육의 본질이 회복되고, 학생들도 더욱 건강하게 성장할 수 있을 것이다.

'사람을 키우는 교육인지? 사람을 해치는 교육인지?' 우리는 이 질문에 대한 답을 찾아야 한다. 그렇지 않으면, 우리는 현재 무너져 있는 교육 현장에서 서로 상처를 주고받는 악순환을 되풀이하게 될 것이다. 이러한 변화를 통해 선생님들의 8시간이 단순한 노동이 아닌, 온전히 아이들의 성장을 위한 가르침의 시간으로 채워질 수 있도록, 우리 사회 전체가 지혜를 모아 교실을 지켜야 한다.

주식회사 장성군

파산이라는 쓰디쓴 경험을 뒤로하고, 중소기업 교육 강사로 새로운 출발을 하던 때였다. 내 삶의 나침반이 고장 나고, 모든 것이 멈춰버린 듯했던 그때, 나는 절실히 새로운 길을 찾고 있었다. 그 무렵 우연히 한 권의 책이 내 눈에 들어왔다. 바로 '주식회사 장성군'이었다. 무심코 첫 장을 넘겼는데, 웬걸. 순식간에 그 이야기 속으로 빨려 들어갔다. '한 지방의 공무원 조직이 이렇게 변할 수 있다고?' 읽을수록 놀라움과 감탄이 교차했다. 나의 실패가 나 하나의 문제에 국한된 것이 아니라, 조직과 시스템의 문제일 수도 있음을 깨닫는 순간이었다. 책을 덮을 때마다 가슴이 뜨거워졌고, 몇 번이고 다시 읽다 보니, 그 변화의 힘이 어디서 비롯됐는지 조금은 알 것 같았다. 공무원 조직이라고 하면 대개 딱딱하고 느리다는 이미지가 떠오르기 마련이다. 하지만 이 책 속의 장성군은 전혀 달랐다. 진심으로 주민을 섬기고, 스스로를 변화시켜 성과를 만들어낸 조직이었다. 그 사실에 깊은 감동을 받았다. 그 후 나는 중소기업 교육을 하면서 늘 이 이야기를 모범사례로 들려주곤 했다. 특히 조직관리와 자기개발 주제를 이야기할 때면 김홍식 군수의 사례를 꼭 인용했다. 교육생들의 반응은 언제나 뜨거웠다. 그 무렵, 노무현 대통령께서 전국 공무원들에게 이 책을 선물했다는 기사를 읽었다. 그 순간 알았다.

'대통령 역시 내가 느낀 그 감동을 똑같이 느꼈구나. 그리고 그 변화의 바람이 전국으로 퍼져나가길 바라셨겠구나.'

전라남도 북서쪽의 작은 농촌 마을, 장성군. 오랫동안 발전이 더디고, 늘 조용하다는 평이 따르던 곳이었다. 그곳에 김홍식 군수가 부임하면서, 장성군은 완전히 다른 세상이 되기 시작했다.

1995년, 그는 선언했다.

"이제부터 장성군은 주식회사처럼 운영되는 조직이 될 것입니다."

그의 첫 변화는 투명한 행정과 주민과의 소통이었다. 취임 후 매일 아침, 김 군수는 모든 이장에게 전화를 걸었다.

"어려운 점은 없습니까? 제가 도와드릴 일은 무엇입니까?"

그의 목소리에는 진심이 묻어났다. 그는 주민의 삶 속으로 직접 들어가서 이야기를 들었다. 공무원들에게는 권위는 내려놓고, 주민 곁으로 다가가라고 당부했다. 좁은 도랑 하나, 불편한 길 하나도 귀담아듣고 즉시 해결했다. 물론 처음부터 모든 공무원이 환영한 것은 아니었다. 괜히 일만 많아진다며 불평하는 이도 있었다. 하지만 김 군수는 흔들리지 않았다. 그는 믿었다. 행정은 주민의 믿음 위에서 꽃핀다는 것을 말이다. 시간이 흐르며, 그 진심이 통하기 시작했다. 주민의 만족도는 점점 높아졌고, 공무원들도 내 일의 의미를 새롭게 느끼기 시작했다.

장성의 진짜 변화는 바로 장성 아카데미에서 시작됐다. 매주 목요일 100분간 열리는 이 교육은 지식을 나누는 자리가 아니라, 사람을 키우는 시간이었다. 처음엔 군민과 공무원 모두 반신반의했다.

"그거 들으면 밥이 나오나, 돈이 나오나?"

하지만 김 군수가 늘 맨 앞줄에 앉자 분위기가 달라졌다. 공무원들도 따라올 수밖에 없었다. 그는 가장 유능한 계장을 교육 담당자로 세우며,

"교육은 행정의 심장"이라 말했다. 교육 담당자는 강사가 장성에 오면 공항까지 직접 나가 맞이했고, 오는 길에 강사의 책을 읽고 대화를 나누며 마음을 열었다. 강의가 끝나면 장성 특산물로 저녁을 함께하며 배움의 이야기를 이어갔다. 그 세심한 정성과 진심이 전국에 소문이 났다. 유명 강사들이 자발적으로 장성을 찾았고, 공무원과 군민들의 눈빛이 달라지기 시작했다. 김 군수는 늘 맨 앞에서 듣고, 배운 것을 행정에 바로 적용했다. 그의 믿음은 단순했다.

"세상을 바꾸는 건 사람이고, 사람을 변화시키는 건 교육이다."

김 군수는 강사들에게서 배운 대로 관리자들을 팀을 짜서 배낭여행을 보냈다. 관리자들은 유럽 배낭여행을 통해 넓은 세상을 경험하고 다양한 문화를 접하며 외국어 학습의 필요성을 절실히 느꼈다. 귀국 후에는 자발적으로 외국어 공부에 매달리는 열정을 보이기도 했다. 이러한 경험들은 관리자들이 틀에 박힌 생각에서 벗어나 창의적으로 문제를 해결하고, 장성군의 발전을 위한 새로운 아이디어를 떠올리는 데 큰 도움이 되었다.

장성군은 지역 경제의 중요한 부분을 차지하는 농민들의 경쟁력을 높이는 데도 힘을 쏟았다. 그 일환으로 일본의 뛰어난 송이버섯 재배 기술을 배우기 위한 농민 연수 프로그램을 운영했다. 연수에 참여한 농민들은 일본의 재배 기술과 노하우를 배워 돌아왔고, 이를 장성군의 환경에

맞게 적용한 결과, 품질 좋은 송이버섯 생산에 성공했다. 이는 농가 소득 증가로 이어져 지역 경제 활성화에 크게 기여했다. 또한 관리자들을 대기업의 운영방식을 배우기 위해 연수를 보냈고 배우고 돌아와 행정에 적용했다.

그 결과는 놀라웠다. 장성군은 각종 공무원 경진대회에서 1위를 휩쓸었다. 9년 동안 정부가 주관하는 각종 행정 혁신 평가에서 받은 상금은 총 수십억 원에 달했다. 이 수십억 원의 상금은 장성군을 전국의 모범 자치단체로 떠오르게 했으며, 다시 군민 복지와 지역 발전에 쓰였다. 이 선순환이 바로 주식회사 장성군의 힘이었다.

김 군수는 민선 군수로 세 번 연속 당선됐다. 그의 리더십은 진정성 위에 세워진 믿음이었다. 김흥식 군수를 기리기 위해 주민들은 자발적으로 모금하여 김흥식 군수 송덕비를 건립하였다. 주민들의 마음을 담아 마을 앞 공원에 세워진 것이다. 수많은 공직자가 상을 받고 명예를 얻지만, 진심으로 주민의 손으로 세운 송덕비야말로 그 어떤 상보다 위대한 진정한 리더의 훈장이 아닐까.

30년을 이어온 배움의 열기. 놀랍게도, 장성 아카데미는 지금도 이어지고 있다. 2025년 7월 3일, 제 1212회 강연이 열렸다. 강연자는 김영호 국회의원. 주제는 "나의 고향과 아버지, 그리고 정치 이야기." 이제는 유튜브로도 참여할 수 있어 더 많은 이들이 배움의 기회를 얻고 있다. 30년 넘게 이어진 이 교육은 장성군을 지방자치의 교과서로 만들었다. 장성군의 사례는 현재 공무원들에게 어떻게 하면 조직 전체가 혁신적인 성과를 낼 수 있는지에 대한 확실한 답을 준다. 주민들과 꾸준히 소통하고 깊은 믿음을 쌓는 것, 그리고 공무원은 변화를 두려워하지 않고 늘 주민의 입장에서 생각해야 한다는 것, 그리고 장성 아카데미를 통해 끊임없이 배우고 성장하는 것이 조직 발전의 가장 중요한 힘이라는 것을 강조한다.

그것은 내가 30년 동안 직장 생활하며 겪었던 내용과 똑같았다. 공무원은 경영자이고, 주민은 주주다. 공무원 조직을 회사처럼 운영하니 성과가 날 수밖에 없었다. 장성 아카데미는 이제 전국으로 확산되었다. 곡성군의 섬진강 인문학교실도 그 영향을 받은 프로그램이다. 장성의 사례는 단순한 지역 성공담이 아니라 대한민국 공직 사회가 나아가야 할 방향을 보여준다. 이것이 '주식회사 장성군'이 우리에게 남긴 가장 큰 유산이다.

나 또한 그 가르침을 마음에 새기며 직원들에게 말한다.

"배움은 개인을 살리고, 그 배움이 쌓이면 회사가 살아납니다."

배움은 단지 지식을 얻는 행위가 아니다. 배움은 자신의 한계를 깨닫고, 세상을 더 넓게 보는 힘이다. 그 힘이 모이면 한 조직이 바뀌고, 한 지역이 달라진다. 장성군의 변화는 바로 그 진리를 증명했다. 공무원 한 사람, 한 사람의 마음이 변했을 때 행정의 방식이 달라졌고, 행정이 달라지자 주민의 삶이 달라졌다. 그리고 그 변화는 다시 공무원의 자부심이 되어 돌아왔다. 이 선순환이야말로 진정한 혁신의 기적이었다. 나는 생각한다. 우리 사회의 공직자는 단순히 행정의 수행자가 아니라 국민의 삶을 바꾸는 경영자이며, 그들의 결정 하나하나가 공동체의 미래를 그려가는 설계자라고. 따라서 공직 사회가 변한다는 것은 곧 한 나라의 문화와 정신이 새로워진다는 뜻이다. 장성군이 보여준 변화의 힘은 '내가 이 지역의 주인이다'라는 마음이 공직자의 가슴속에 심어졌을 때, 그 조직은 이미 기업을 넘어 하나의 생명체가 됨을 증명했다.

오늘날 우리 사회는 빠르게 변하고 있다. 기술은 진보하지만, 행정은 여전히 관성에 갇혀 있는 곳이 많다. 이럴 때일수록 장성군의 이야기는 우리 모두에게 묵직한 질문을 던진다.

"당신의 조직은 지금 배우고 있는가?"
"당신은 주민의 목소리를 듣고 있는가?"
"당신의 일은 사람을 행복하게 만들고 있는가?"

이 세 가지 질문에 진심으로 그렇다고 답할 수 있을 때, 우리 사회는 다시 희망을 얻게 될 것이다. 끊임없는 배움과 성장은 개인뿐 아니라 조직과 지역 사회 전체를 살리는 원동력이다.

공무원이 변하면 행정이 변하고, 행정이 변하면 국민이 행복해진다. 나는 이 책이 단순한 성공 사례집이 아니라, 공직 사회의 교과서로, 그리고 한 시대의 희망 선언문으로 읽히기를 바란다. 부디 많은 공무원들이 이 책을 통해 대한민국 곳곳에서 장성군처럼 따뜻한 변화의 바람이 조용히, 그러나 힘있게 불어오기를 진심으로 바란다.

4장

정치인이 허허허

66

국회의원 울화통

99

내가 30대에 직장생활을 시작한 후로, 회사에서 집에서 신문을 보는데 정치인 기사만 나오면 화가 치솟는다. 국회의원들은 하라는 입법 활동은 하지 않고 사회적 갈등만 일으킨다. 40년 전이나 지금이나 변함이 없다.

놀라운 것은 회사에서도 동창회에서도, 심지어는 집에서조차 둘로 나누어져 있다. 아빠는 보수, 엄마는 진보, 아들은 보수, 딸은 진보. 참으로 가관이다. 밥 먹다가 정치 이야기가 나오면 아버지가 화를 내고 나가는 경우도 비일비재하다고 한다.

우리 집도 예외는 아니다. 우리 가족도 차를 타고 가다 정치 이야기만 나오면 말다툼을 한다. 집사람과 나는 정치적인 문제로 이야기하면 늘 이견을 보인다. 답이 없는 이야기를 하면서 아이들에게 물어본다. 너희들은 엄마 닮지 말라고 이야기하면 한 아이는 엄마 편이고 또 다른 아이는 아빠 편이다. 이 무슨 콩가루 집안인가! 집안에서조차 정치적인 말을 하지 말아야 한다. 모두 스트레스를 받기 때문이다. 가족이 함께 여행 가는 자리에서도 정치 때문에 말다툼을 하는 현실이 너무나 슬프다.

정치가 세상을 개선하는 논의가 아니라 가족을 나누는 흉기가 된 비극적인 현실, 그 책임은 고스란히 정쟁에만 몰두하는 그들에게 있다. 실제로 한 설문조사에서는 정치가 대한민국 사회 갈등을 부추긴다는 응답이 80%를 넘는 것으로 나타났다고 한다. 정치 활동을 나타내는 세계 지수에서도 대한민국의 정치 지수는 늘 꼴찌라고 한다.

어디서 강의를 듣는데 강사가 뜬금없는 질문을 한다.

"정자와 정치인의 공통점은 무엇일까요?"

"글쎄요!"

아무도 대답을 하지 못하자 강사가 이야기한다.

"바로 인간 되기 힘든 종이라는 것입니다."

"와!" 하고 모두가 웃었다.

수억 마리의 정자 중 단 하나만이 인간이 되듯, 정치인 역시 인간다운 사람이 되기 어렵다는 것이었다. 참으로 안타깝다. 국민의 수준은 높아졌고 이제 대한민국은 선진국이 되었다. 그런데 유독 정치만은 거꾸로 가고 있다. 예전의 수준 낮은 정치에서 좀처럼 벗어나지 못하고 있다. 정치인 앞에는 늘 붙는 말이 있다. '패거리 정치.' 그야말로 고질병이다. 조선시대에는 동인과 서인이 갈라져서 당파싸움을 벌였다. 서인은 또 소론과 노론으로 나뉘었고, 동인 역시 남인과 북인으로 갈라져 끝없는 대립을 이어 갔다. 그 다툼의 끝은 처절한 복수였다. 바로 삼족을 멸하는 것이었다. 삼족이란 위로는 할아버지와 백부 · 숙부를, 옆으로는 형제와 조카를, 아래로는 아들과 손자까지 다 죽이는 것이다. 나중에는 9족을 멸한다고 하여 아예 씨를 말린다는 의미로 쓰이기도 했다. 이렇게 끊임없이 싸우는 패거리 정치는 지금까지 이어져 오고 있다.

정치인들은 옳고 그른 것이 없다. 내 편이 하면 다 옳고 상대편이 하면 모두 그르다. TV에 나와서 토론을 하는 것을 보면 울화가 치밀어 채널을 돌린다. 누가 보아도 명확한 의제를 놓고도 결론은 없고, 끝없는 갑론을박만 이어진다. 방송국마저도 때로는 편파적인 방송을 한다. 참으로 어처구니가 없는 일들이 거의 매일 일어나고 있다. 그러니 우리나라 국민 90% 가까이가 정치인만 보면 울화통이 터진다고 한다. 늘 궤변과 변명만 하기 때문이다. 권력을 잡은 사람이 법이다. 그래서 우리나라를 정치 후진국이라고 한다.

청문회가 막 도입된 초창기였다. 국민들은 처음으로 국회가 고위공직자를 검증하는 과정을 TV로 지켜봤고, 회의장 안은 긴장과 기대감으로 가득 차 있었다. 그 중심에 한 젊은 의원이 있었다. 작은 체구에 수수한 정장 차림, 그러나 눈빛만큼은 누구보다 날카로웠다. 그는 서류에 매달리지도, 원고를 읽지도 않았다. 대신 증인을 똑바로 바라보며 단호하게 물었다. 그날 이후 사람들은 그를 청문회 스타라 불렀고, 그의 이름은 국민의 대변자라는 의미로 깊이 새겨졌다. 국민들은 TV 앞에서 숨을 죽였다. 그가 던지는 한마디 한마디가 막힌 속을 뻥 뚫었다.

"저 사람, 진짜 국민 편이구나."

그러나, 그때와 지금의 청문회는 전혀 다른 모습이다. 현재의 국회 청문회는 진실을 밝히는 공익의 장이 아닌, 서로 물어뜯는 정치 쇼로 전락했다. 마치 굶주린 하이에나가 먹이를 두고 서로 으르렁거리는 국회의원을 생각하면 울화통부터 치민다.

청문회 자리에서는 증인이나 전문가의 의견을 듣기보다는, 정치인들이 소리소리 지르고, 서로의 목소리를 높이며 윽박지르고, 때로는 쓸데없

어처구니

는 인신공격과 감정적 발언을 남발하며 상대를 깎아내리는 데만 몰두하는 모습이 반복된다. 국민들은 청문회를 통해 진실을 듣기보다는, 마치 막장 드라마를 보듯 국회 막장 쇼를 구경하게 되었다.

더 큰 문제는 불체포 특권이라는 특권 아닌 특권이 존재한다는 점이다. 이 때문에 정치인들은 청문회에서 아무리 고성을 지르고 인권을 침해해도 법적으로 제재를 받지 않는다. 최근 한 청문회에서는 특정 증인이 국회의원의 윽박지름에 질린 듯 "왜 그렇게 소리를 지르십니까?"라고 되묻는 장면이 있었다. 그 순간 방청석에 있던 사람들이 박수를 보냈다. 이는 국민들이 느끼는 답답함과 분노를 대변하는 장면이기도 했다.

청문회는 본래 진실을 듣는 자리다. 그래서 '들을 청(聽)' 자를 쓰는 청문회다. 하지만 지금 대한민국의 청문회는 그 목적을 완전히 잃어버렸다. 어느 한 청문회에서는 한 증인이 "말할 기회를 주십시오"라며 간절하게 요청했지만, 국회의원은 "나는 당신의 말을 듣고 싶지 않으니 그만!"이라며 증인의 발언을 가로막아버렸다. 증인의 말을 들어야 하는 자리인데, 정작 국회의원들은 자신의 말만 늘어놓고, 답변을 막아버린다. 그렇게 청문회의 '청'이 듣는 것이라는 기본적 의미마저 잊힌 채, 청문회는 또 하나의 정치적 소음으로 변질되고 있다. 청문회 때문에 '입틀막'이라는 용어까지 생겼다. 10분 질의시간에 9분을 국회의원이 떠들고 있다. 정말로 어처구니가 없는 청문회이다. 국민들이 보고 있음에도 국민은 안중에도 없어 보인다. 국회의원들은 논리에서 밀리거나 불리해지면 태도 문제를 들고나온다.

황당한 사건 중 하나는, 한 국회의원이 "팔짱을 끼고 있는 태도가 뭐냐!"라고 고함을 치며 증인을 꾸짖던 장면이었다. 그 순간 카메라가 옆에 앉아 있던 같은 당 국회의원을 비추었는데, 그 국회의원 역시 팔짱을 낀 채 앉아 있었다. 이 장면이 TV 화면에 잡혔다. 정말 코미디의 봉숭아 학당이다. 자신들이 하는 행동은 문제 삼지 않으면서 상대에게는 절대 허용하지 않는, 이중적 태도가 고스란히 드러난 것이다.

어느 날, 유튜브를 보다가 속이 다 시원한 장면을 보았다.

"내가 당신 자식입니까? 내가 내일모레면 환갑인데, 여기서 태도 소리나 들으려고 왔습니까?"

그 한마디가 터져 나오자, 청문회장은 순식간에 조용해졌다. 누구도 말을 잇지 못했고, 그 침묵 속에서 묘한 통쾌함이 밀려왔다. 증인의 그 한마디가, 내 마음속 억눌린 무언가를 대신 풀어준 듯했다. 검사조차 "발언할 기회를 주십시오"라며 애원해야 하는 곳, 날고 긴다는 검사들까지 불려 나오면 손을 들고 "발언권을 주십시오"라고 말하는 모습은 더없이 한심하고 씁쓸하다. 그 장면을 보고 있노라면, 참으로 기이하고도 슬픈 생각이 든다.

나는 회사 생활 40년 동안 정말 많은 회의를 주관해 왔다. 처음엔 팀장으로, 나중엔 부서장으로, 그리고 임원이 되어 TF팀을 이끌 때도 있었다. 회의를 수없이 하다 보니 자연스레 느낀 게 있다. 회의라는 건 싸워서 이기는 자리가 아니라, 함께 문제에 대한 답을 찾아가는 과정이라는 것이다. 나는 이걸 내 선배들에게서 배웠다. 회의를 주관하는 분은 자신의 말을 거의 하지 않았다. 모두의 의견을 끝까지 듣게 만들었고, 누가 말을 막거나 무시하면 조용히 제지했다. 그래서 지금도 내가 회의를 주관할 때면 그 방식을 그대로 쓴다. 내 의견은 맨 마지막에 잠깐만 덧붙인다. 그전까지는 모든 사람이 말할 수 있게 유도한다. 서로 생각이 다르면 "그건 틀렸어"가 아니라 "그 부분은 이렇게 생각해보면 어떨까요?"라고 말한다. 간혹 감정이 격해져 목소리가 커지는 경우가 있으면 나는 사회자로서 단호하게 "그렇게 말씀하시면 곤란합니다" 하고 분위기를 바로잡는다. 이게 내가 배운 회의 진행 방식이고, 지금도 회사 어디에서든 이렇게 회의를 한다.

이건 특별한 리더십이 아니다. 어느 회사든, 어느 조직이든 기본 중의 기본이다. 초등학교 학급 회의도 이렇게 한다. 그런데 국회는 어떤가. 말 끊기, 고함, 인신공격, 감정싸움…. 도대체 누가 국민을 대표한다는 건가. 청문회와 국정감사가 국가의 회의장이 아니라 서로 얼굴 붉히는 싸움판이 되어버렸다.

그래서 나는 오늘의 국회의원들에게 말하고 싶다.

"청문회는 싸움터가 아닙니다. 국민 앞에서 진실을 밝히고, 의견이 다르더라도 서로를 존중하며 최선의 답을 찾아가는 자리, 그것이 진짜 회의입니다. 국회의원들이여, 40년 직장인도, 심지어 초등학생도 아는 이 기본을 이제는 당신들이 좀 배워야 할 때입니다."

하지만 나는 몇 차례의 청문회 속에서 희망의 싹을 보았다. 단 1%의 국회의원들이 보여준 진정한 경청의 자세 덕분이었다. 한 번은 하버드 출신의 젊은 정치인이 10분이라는 짧은 발언 시간 동안 세 명의 증인에게 충분한 발언 기회를 주며 차분히 대화를 이어갔다. 그는 증인의 말을 단 한 번도 끊지 않았다.

"그 부분을 조금 더 설명해 주시겠습니까?"

그의 말투에는 권위가 아닌 존중, 심문이 아닌 경청이 담겨 있었다.

나는 그 순간, '아, 역시 젊은 정치인이 다르구나' 하는 생각을 했다.

10분 중 본인 질문은 2~3분이었고 증인들이 7~8분 동안 말을 한 것이다. 그는 고함을 지르지도 않았다. 차분하게 국민들이 궁금해하는 것을 질문을 통해 국민에게 알려주었다. 그것이 최고의 명문대에서 배운 결과일 것이다. 그의 자세에서 나는 정치가 국민을 향할 때 얼마나 아름다워질 수 있는지를 보았다.

　　또 한 번은 대정부질문 시간이었다. 회의장 안은 언제나처럼 팽팽한 긴장감으로 가득했다. 대부분의 의원들이 마이크를 잡으면 목소리를 높이고, 상대를 몰아붙이며 정치적 점수를 얻으려 애쓰는 자리였다. 그런데 그날은 달랐다. 한 젊은 여성 국회의원이 천천히 단상으로 걸어 나왔다. 그녀는 먼저 총리를 향해 고개를 숙이며 말했다.

　　"존경하는 국무총리님, 몇 가지 질문을 드리겠습니다."

　　그 짧은 인사 한마디에 회의장의 공기가 달라졌다. 그녀는 목소리를 높이지 않았다. 질문은 짧고 명확했고, 불필요한 수사는 없었다. 답변이 이어질 때는 고개를 끄덕이며 메모를 하고, 때로는 "그 부분은 공감합니다"라고 미소 지으며 응답했다. 총리 역시 긴장된 얼굴 대신, 진지하게 답변을 이어갔다. 서로가 이기려는 말이 아니라 이해하려는 말을 주고받는 순간이었다. 나는 TV 앞에서 그 모습을 보며 생각했다.

　　'이게 바로 우리가 보고 싶었던 국회의 모습 아닌가.'

　　그날의 대정부질문에는 공격도, 비난도 없었지만 묘하게 힘이 있었다. 그녀의 질문에는 품격이 있었고, 총리의 답변에는 진심이 담겨 있었다. 그때 처음으로 느꼈다.

　　'우리나라에도 이런 국회의원들이 있구나.'

　　1%의 국회의원들이 진정한 경청의 자세를 보여주었다. 청문회에서

는 그때 그 단 1%의 국회의원들이 보여준 듣는 자세가 모두의 기준이 되어야 한다. 청문회가 진정한 소통의 장으로 거듭나기 위해, 나는 세 가지 제안을 하고 싶다.

첫째, 증인에게 충분한 답변 시간을 보장해야 한다.

미국, 독일의 청문회에서는 질의응답 시간을 철저히 관리하여, 증인이 방해받지 않고 말할 수 있는 구조를 갖추고 있다. 우리도 10분의 시간이 주어진다면, 3분은 질문, 7분은 답변으로 나누는 제도가 필요하다. 특히 독일에서는 증인 신청 시 전문적 지식을 갖춘 전문가나 시민단체를 초청하여 객관적이고 공정하게 회의를 진행한다. 그 지역 일반시민도 방청이 바로 허용되며 시민에게도 발언 기회가 주어진다. 청문회는 묻기 위한 자리이기도 하지만, 무엇보다 들을 수 있는 자리여야 하기 때문이다.

둘째, 폭언과 인신공격을 일삼는 국회의원은 즉각 퇴장시켜야 한다.

미국 의회에서는 의장이 폭언이나 인신공격을 한 의원에게 즉시 퇴장 명령을 내릴 수 있으며 문제 행동을 바로 시정한다. 청문회는 상대를 짓밟는 무대가 아니라, 진실을 향한 품격 있는 대화의 공간이 되어야 하기 때문이다.

셋째, 허위 발언과 거짓 정보에는 책임을 물어야 한다.

미국에서는 국회의원이 허위 발언을 할 때는 FBI가 조사하여 검증하고 책임을 묻는다. 정보기관에서 진실을 밝혀주는 것이다. 한국도 이제는 면책특권 뒤에 숨지 않고, 말의 무게에 책임을 지는 정치문화를 세워야 한다.

우리는 눈빛으로 존중을 표현하며 진정으로 경청하는 1%의 국회의원들을 보았다. 그래서 이제는 믿고 싶다. 청문회는 단 1%의 존중만으로도 싸움터에서 답변을 찾는 회의장으로 순식간에 돌아올 수 있는 기적의 공간임을 그들은 증명했다. 그들이 보여주는 경청과 대화의 힘이 더 많은 국회의원들에게 확산된다면, 이제 국회는 청문회의 본래 목적을 되찾을 수 있을 것이다. 그들의 경청이 쌓여 갈 때, 울화통은 분노가 아니라 희망으로 바뀔 것이다. 그때 비로소 정치도 국민의 마음으로 돌아올 것이다.

❝
면책특권 이제 그만두자!
❞

어느 날 신문에서 한 기사를 보고 깜짝 놀랐다.

"대통령과 법무부 장관이 변호사 30명과 룸살롱에서 밤늦도록 술을 마셨다."

순간 '야, 이 나라가 완전히 썩었구나!' 하는 생각이 들었고, 대통령이 또 탄핵되겠다고 생각했다. 연일 계속되는 구체적인 보도들에 "정말일까?" 하는 의구심이 들어 유튜브를 검색해보니, 법사위원회에서 국회의원이 발언한 내용이었다. 그것도 법무부 장관을 앞에 앉혀 놓고 질의 중 이야기한 것이다. 당사자가 술을 한 잔도 못 마신다고 하는데도 술집에서 이야기하는 녹음테이프를 틀었다. 녹음 내용은 분명히 법무부 장관이 술집에서 같이 술을 먹고 있다고 누군가 이야기 하고 있었다. 도대체 누구의 말이 진실인가? 의아했다.

나중에 밝혀진 바에 따르면 그 모든 주장은 허위 정보였다. 그러나 그렇게 말한 국회의원은 아무런 책임도, 피해도 입지 않았다. 어처구니가 없었다. 허위 정보를 마치 사실인 양 최고 권력자인 대통령에게까지 유포하는 것을 보며, 우리 같은 일반 시민이 이런 허위 사실에 얽히면 꼼짝없이 당하겠구나 하는 무서움이 밀려왔다.

비슷한 사건이 또 있었다. 어느 날 뉴스에서는 야당 대표가 국제 마피아와 연루되어 있다는 보도가 나왔다. 그때 역시 큰일이 난 것처럼, 이 나라가 어떻게 되려고 이러는지 한탄하며 뉴스를 지켜보았다. 그러나 그 보도 역시 허위로 판명되었다. 이처럼 여야를 막론하고 무차별적으로 허위 사실이 유포되는 것은 국민의 정신 건강에 큰 악영향을 끼치고 있다. 많은 국민들은 처음에는 그런 정보들이 사실인지 아닌지 분간할 수 없기 때문에 혼란과 불안은 더욱 커질 수밖에 없다.

면책특권의 가장 큰 문제는 그 여파가 단순히 개인 간의 명예훼손이나 손해배상으로 끝나지 않는다는 점이다. 허위 사실의 유포는 개인을 넘어 사회 전체를 흔들고, 때론 국가적 혼란으로까지 이어진다. 그 대표적인 사례가 바로 광우병 사태다. 광화문광장에 수많은 시민이 모여 대규모 시위를 벌였던 그 장면이 아직도 선명하다. 당시에는 미국산 쇠고기를 먹으면 광우병에 걸려 뇌에 구멍이 숭숭 뚫린다는 말이 사실처럼 퍼졌다. 당시 MBC PD수첩은 이런 여론에 불을 지피는 보도를 내보냈고, 그 여파는 순식간에 전 국민적 공포로 확산되었다. 나 역시 예외가 아니었다. 가족들에게 "야, 큰일 났다. 미국산 소고기 사오지 말아라"고 했고, 머리에 구멍이 난다는 이야기까지 전하며 불안을 키웠다.

대통령이 취임한 지 1달 정도 되었을 무렵이었을 것이다. 대통령은 청와대에서 광화문 광장을 바라보았다고 한다. 밤하늘을 수놓은 수십만 개의 촛불은 마치 살아있는 용암처럼 꿈틀거렸다. 시민들은 "광우병 쇠고기 전면 수입 반대", "대통령 탄핵"을 외치며 거리를 가득 메웠고, 분노와 절규가 뒤섞인 함성은 청와대 안까지 고스란히 전해졌을 것이다. 대통령은 깊은 한숨을 내쉬었을지 모른다. 정부는 연일 해명 자료를 쏟아내고 과학적 근거를 제시했지만, 이미 퍼진 공포와 불신은 걷잡을 수 없었다. 인터넷에는 자극적인 동영상과 글들이 넘쳐났고, 국민들은 정부의 설명을 거짓말로 치부했다.

어느 날에는 아파트 옆집에 사는 젊은이가 "여의도에 가면 돈을 준다는데 같이 가자"고 했다. 나는 무슨 돈을 누가 왜 주는지 물었지만 그는 그냥 함께 가면 돈을 준다고 하였다. 광화문이나 여의도에 가면 돈을 준다는 말이 의아했다. 그러나 어린아이, 어른 할 것 없이 모두가 여의도로 몰려갔다. 그러나 시간이 지나 밝혀진 사실은 달랐다. 미국산 쇠고기는 안전했으며, 이 사태는 잘못된 정보와 정치권, 언론의 과장된 보도가 빚어낸 결과였다.

비슷한 양상의 사건은 또 있다. 2018년에 드러난 이른바 드루킹 사건이다. '드루킹'이라는 필명으로 활동하던 김동원 씨와 그 일당은 온라인 포털 사이트 네이버의 기사 댓글에 자동화 프로그램을 사용해 공감 수를 인위적으로 조작했다. 당시 나는 네이버 글을 읽으면서 '이게 뭐지?'라는 생각을 했다. 갑자기 글 내용에 댓글이 수백, 수천 개가 달리고 공감수가 폭발적으로 늘어 났다. 그 당시는 공감수가 가장 많으면 '베스트 댓글'로 올라가던 시기였기에, 사람들은 그것을 여론으로 받아들였다. "박근혜 대통령이 청와대에서 굿을 하고 있다"는 식의 기사에도 수천 개의 공감이 달리는 것을 보고 깜짝 놀랐다. 나와 같은 개인조차도 금세 거짓임을 알아차릴 수 있는 정보였지만, 네이버 본사는 그동안 무엇을 하고 있었는지 답답했다. 이러한 조작 게시물들은 몇 달 동안이나 지속되었다. 당시에도 많은 사람들이 댓글을 통해 조작 의혹을 제기했지만, 네이버는 아무 대응도 하지 않는 것 같았다. 공감 수가 많다는 이유만으로 해당 내용이 사실일 가능성이 높고, 국민 다수가 동의한 의견처럼 받아들여지면서 각종 허위 정보들까지도 진실로 인식될 수밖에 없는 상황이 만들어졌다. 결국 이들은 죄를 자백하였고 대법원에서 징역 2년형이 확정되었다. 광우병 사태가 허위 정보로 촉발되고, 드루킹 사건이 민주주의를 농단한 것처럼, 면책특권 뒤에 숨은 거짓의 정치는 국민을 기만하는 사기극과 다를 바 없다.

대한민국 헌법 제45조와 국회법에는 다음과 같은 면책특권 조항이 포함되어 있다.

"국회의원은 국회 내에서 행한 발언과 표결에 대해 국회 밖에서 책임을 지지 않는다."

이는 국회의원이 국회 내에서 자유롭게 발언할 수 있도록 하기 위함이지만, 이 조항이 악용될 경우, 국회 내에서 허위 사실을 유포하거나 타인의 명예를 훼손하더라도 법적 책임을 지지 않게 된다.

또한 헌법 제44조에 따르면, 국회의원은 현행범이 아닌 한, 국회의 동의 없이 회기 중 체포되거나 구속될 수 없다. 이로 인해 범죄 혐의를 받고 있는 의원들이 법망을 피하고, 법적 책임을 회피할 수 있게 되는 구조적 맹점이 존재한다.

이러한 면책특권의 규정은 본래 국회의원의 발언 자유를 보장하고, 정치적 보복을 막기 위한 것이었지만, 현실에서는 자신들의 잘못된 행동을 은폐하고 법적 책임에서 벗어나기 위해 악용되는 경우가 많아졌다. 발언의 자유를 보장하는 방패였던 특권이, 이제는 국민에게 거짓을 쏟아내도 안전한 특권적인 성역이 되어버린 것이다. 그 특권이 자신의 잘못을 숨기고, 상대를 공격하며, 권력을 지키는 방패로 쓰이고 있다. 국민이 분노하는 이유도 바로 여기에 있다.

나는 지금 당장 면책특권은 없어져야 한다고 생각한다. 우크라이나의 경우, 국회의원들이 면책특권을 이용해 부패와 비리를 가리는 수단으로 악용하자, 국민의 불만이 커졌다. 결국, 2019년 헌법 개정을 통해 국회의원 면책특권을 전면 폐지하였으며, 그 결과 국회의원들도 법 앞에 평등하게 책임을 지도록 하였다. 터키 또한 정치적 부패와 책임회피방지를 위하여 2016년 헌법 개정을 통해 약 140명의 국회의원들의 면책특권을 박탈하였다.

어쩌면 대한민국은 이 두 나라보다 지금 더 심각한 수준에 놓여 있는지도 모른다. 과연 면책특권이 우리 정치에 꼭 필요한 제도일까? 국회의원들이 면책특권을 방패 삼아 허위 정보를 퍼트리는 것이 단순한 개인적 이득의 문제가 아니라는 것을 우리는 알아야 한다. 그들이 법적 처벌을 피하는 동안, 국민들은 거짓 정보에 휘둘리고, 사회적 갈등이 격화되며, 나라 전체가 커다란 혼란에 빠질 위험이 있다. 한 사람의 무책임한 발언이 정의를 왜곡하고, 상대방을 모함하는 도구로 변질될 때, 우리는 그 대가를 치르게 된다.

이제 면책특권은 더 이상 국회의원의 방패가 되어서는 안 된다. 지금 당장 이 특권을 폐지해야 한다. 스웨덴과 네덜란드는 면책특권이나 불체포특권 자체가 존재하지 않는다. 국회의원도 범죄에 연루되면 바로 기소하여 재판에 넘겨 죄를 묻는다.

그 사회에서 국회의원은 특권층이 아니라 국민을 대표하는 명예직으로 인식된다. 그래서 국회의원들은 관용차도, 운전기사, 비서도 없다. 우리나라도 당장 실천해야 할 내용이다. 국회의원들은 특권의식을 내려놓고 자신들의 잘못된 발언과 행동에 대해서는 책임을 지고, 국민 앞에 떳떳하게 서야 할 의무가 있다. 여당과 야당은 이구동성으로 선거 때만 되면 면책특권을 없애겠다고 입에 침이 마르도록 이야기해 왔다. 한두 번의 약속도 아니었다. 국회의원 인원도 줄이고 면책특권도 내려 놓겠다고 해왔다. 그러나 실천된 적은 단 한 번도 없었다. 이번 2025년 대선에서도 마찬가지였다. 대통령 후보들은 또다시 국회의원 면책특권을 내려놓겠다는 공약을 내걸었다.

더 기가 막힌 사실도 있다. 청담동 술자리 의혹을 일으킨 국회의원은 차관으로 임명되었고, 드루킹 사건의 주범은 장관급 인사로 임명되었다. 국민을 상대로 거짓을 선동한 인물들이 책임을 지기는커녕 오히려 승진하는, 정말로 어처구니가 없는 일이 발생했다. 이러한 상식 밖의 비극이 반복되지 않도록 국회의원들의 면책특권은 반드시 없어져야 한다. 과거 우크라이나와 터키의 사례처럼, 국민의 강력한 요구와 참여가 제도 변화를 이끌어낼 수 있다고 본다.

대한민국 국민도 더 이상 침묵해서는 안 된다. 우리가 국민저항권을 발동해서라도 꼭 실현시켜야 한다. 국민이 직접 나서서 면책특권 폐지를 강력히 요구해야 한다. 국회의원들은 절대로 스스로 특권을 내려놓지 않기 때문이다.

66

범법자가 법을 만드는 나라

99

어느 날 아침, 핸드폰 화면에 비상계엄 선포 소식이 떠 있었다. 나는 깜짝 놀랐다. 아마 대부분의 국민들도 그랬을 것이다. 민주주의 국가에서, 아무런 예고도 없이 이런 일이 벌어지다니. 순간, 몸과 마음에 서늘한 공포가 스며들었다. 계엄이라면, 총칼을 앞세우고 방송을 장악하며 국회를 해산하고 군의 통제를 받는 상황을 의미한다. 그런데 지금, 내 눈앞에는 바로 그런 현실이 펼쳐져 있었다. 그럼에도, 현장은 생생하게 중계되고 있었다. 유튜버들은 화면 속에서 숨죽인 시민들의 눈빛을 전했고, 방송사들은 평소처럼 뉴스를 내보냈다.

새벽녘, 국회에서는 표결이 이루어졌고 계엄은 무효화되었다. 단 몇 시간 만에 국회의 발 빠른 대응으로 사태는 원위치로 돌아갔다. 그 후 대통령은 감옥에서 재판을 받게 되었다. 참으로 불행한 나라, 대한민국이다. 대통령은 항변한다. 야당이 인원 수를 앞세워 장관과 국무총리를 탄핵하며 국정을 마비시켰다고. 무려 12번이나 반복된 탄핵, 국민의 공포를 부추기는 정치적 폭력. 법무부 장관을 눈빛으로 째려봤다는 이유만으로 탄핵하는 일도 서슴지 않았다. 공산국가도 아닌데, 상식 밖의 일이 반복되면서 국민의 피로는 극에 달했다. 국무총리가 선임되면 또 탄핵, 대행이 선임되면 또 탄핵, 결국 국무총리 대행의 대행, 대행의 대행이라는 전대미문의 사태가 벌어졌다.

더 황당한 것은, 대통령의 국정 활동비를 0원으로 만들어 아예 업무를 할 수 없게 한 일이다. 압박을 견디지 못한 대통령은 결국 자신이 가진 권한인 계엄을 선포할 수밖에 없었다. 사태를 이렇게까지 몰고 간 것은 대통령만의 잘못이 아니었다. 국정을 마비시킨 정당, 정치적 이해관계만 좇은 의원들, 모두의 책임이었다. 나는 화가 치민다. 어쩌다 우리나라가 이렇게 골 때리는 나라가 되었을까. 나는 확신한다. 그 이유는 바로 범법자들이 판을 치고 있기 때문이라는 것을. 정상적인 사람들이 정치를 했다면, 이런 혼란은 결코 일어나지 않았을 것이다.

현재 대한민국 국회의원 300명 중 약 100명이 전과 기록을 가지고 있다. 정당별로 보면 더불어민주당은 41%, 국민의힘은 22%, 정의당은 50%에 이른다. 2범 이상 의원은 27명, 3범 이상은 11명, 심지어 4건의 전과를 가진 의원도 존재한다. 이제 이들은 범법자들이 검찰청 폐지와 4심제 도입까지 추진하며 자신들의 죄를 무력화하려 한다. 헌법학자들이 위헌이라고 경고해도, 이들은 밀어붙인다. 법을 어기는 여당도 이를 막지 못하고, 바라만 보는 야당도 큰 문제다. 그 결과, 이 나라의 법과 제도는 흔들리고, 국민의 삶은 뒤로 밀린 채 방치되고 있다. 범법자들이 입법의 중심을 장악한 현실은, 국민에게 깊은 불신과 절망만을 남긴다. 정치적 계산과 정쟁 속에서 법은 본래의 의미를 잃고, 국회는 국민을 위한 기관이 아닌 정치적 도구로 전락하고 만다. 이 어지러운 현실 속에서, 국민을 지켜야 할 법은 그림자처럼 사라지고, 권력을 쥔 범법자들의 무질서가 끊임없이 이어진다.

이러한 전과 의원들이 국회의 다수를 차지하다 보니, 국민 생활에 중요한 법안들은 통과되지 못하고, 정작 필요 없는 법안들이 난립하여 국력과 예산이 낭비되는 경우가 많다. 민생법안이 통과되지 않는 동안 정치적 이해관계에 얽힌 특검 발의가 남발되는 현실이다.

최근 논란이 된 채상병 특검법과 영부인 관련 특검법은 발의와 반려가 반복되며 국민들에게 극심한 피로감을 안겨주고 있다. 법안이 발의되고 반려된 후 다시 발의되는 과정을 거듭하는 동안, 실제 국민 생활에 도움이 되는 법안들은 뒷전으로 밀리고 있다. 이러한 반복적인 정치적 공방은 국민을 지치게 만들며, 법의 본질을 잃어버린 채 정쟁의 도구로만 사용되고 있다.

국회 법사위에서 내란전담재판부를 만들고, 법왜곡죄 법안을 통과시켰다는 소식을 들었다. 도대체 이게 무슨 의미인지 궁금해 인공지능에게 물어보았다. 돌아온 대답은 충격적이었다.

"내란 전담 재판부는 겉으로는 정의를 내세우지만, 사실은 국민의 권리를 줄이고 권력의 입맛대로 재판을 몰아가려는 장치일 뿐이다. 재판은 공정해야 하는데 특정 사건만을 겨냥해 특별법을 만든다는 건 법치주의의 기본을 무너뜨리는 일이다. 정치가 국민을 위한 것이 아니라 권력의 광란으로 흐를 때, 법은 정의의 칼이 아니라 권력의 방패로 변한다. 이것이야말로 민주주의를 위협하는 가장 위험한 순간이다."

법왜곡죄는 판사·검사·수사기관이 고의로 법을 왜곡하거나 사실을 잘못 적용했을 때 처벌하는 제도라고 한다. 겉으로는 정의 실현을 위한 장치처럼 보이지만, 실제로는 사법부를 권력의 도구로 만들 수 있는 위험한 법이다. 법원행정처는 범죄 구성 요건이 불분명해 고소·고발이 남발될 수 있다고 우려했고, 법무부 역시 수사기관이 방어적으로 변해 정상적인 업무 수행이 위축될 수 있다고 지적했다. 이미 직권남용이나 직무유기 같은 기존 법률로도 처벌이 가능한데, 굳이 새로운 범죄를 신설하는 것이 법적 안정성을 해칠 수 있다는 비판도 나온다.

더 큰 논란은 사법부 독립 침해 가능성이다. 법왜곡죄가 정치적 도구로 악용될 경우, 판사와 검사는 권력의 눈치를 보며 판결을 내릴 수밖에 없다. 삼권분립의 원칙이 흔들리고, 법은 권력의 의지에 따라 해석되는 위험한 상황이 벌어질 수 있다. 결국 법왜곡죄는 정의 구현이라는 이름으로 포장되었지만, 실제로는 사법부를 통제하려는 시도로 읽힐 여지가 크다.

법은 사회의 최후 보루다. 법이 흔들리면 정의도, 민주주의도 흔들린다. 결국 인공지능의 말처럼, 법은 사회의 최후 보루인데 지금 국회는 그 보루를 스스로 허물고 있다. 국민을 위한 법은 사라지고, 권력을 위한 법만 살아남는 나라. 범법자가 법을 만드는 현실이 민주주의를 위협하고 있다.

현재 국회에서 민생법안이 자동 폐기되는 건수는 매년 증가하고 있으며, 특히 21대 국회에서는 1만 6,784건의 법안이 폐기되었다고 한다. 이는 역대 최저 법안 처리율로, 21대 국회가 법안 처리율 최악이라는 불명예를 얻은 이유이다. 그중에서도 법제사법위원회에 계류된 법안만 1,776건에 달하며, 대부분이 민생과 관련된 중요한 법안들이 처리되지 못하고 사장되었다. 대표적인 사례로는 저출생 문제를 해결하기 위해 발의된 육아휴직 기간 연장 법안이 있다. 산업 발전을 위한 반도체 지원 법안 역시 논의조차 되지 않고 자동 폐기되었다. 이외에도 국가전략시설 투자 지원을 위한 세액공제 법안 등 중요한 법안들이 정부와 국회의 대립 속에서 빛을 보지 못하고 사라졌다.

범법자가 법을 만든다는 사실 자체가 국민에게 불신을 심어주며, 법치주의의 근본을 훼손한다. 이는 국회의 신뢰도를 떨어뜨리고, 나아가 국민들의 정치 참여를 저해할 수 있다. 앞으로도 이들이 국회의 자리를 유지하고 있는 한, 이러한 문제들은 계속해서 반복될 가능성이 높다.

그렇다면 우리는 이들을 계속 국회의원으로 둬야 할까? 국민의 대표가 될 자격이 없는 사람들이 법을 만들도록 방치해서는 안 된다. 나는 요즘 뉴스를 볼 때마다 불쾌함과 피로감을 느낀다. 국회를 배경으로 벌어지는 논쟁 속에서, 법을 만드는 이들이 정작 그 법을 어겼던 사람이라는 사실을 너무 자주 마주하게 된다. 언젠가부터 법은 국민을 위한 약속이 아니라, 자신들을 보호하기 위한 방패가 되어버렸다. 그들은 면책특권이라는 이름으로 거짓을 합리화하고, 특권의 울타리 안에서 죄를 덮는다. 어떤 이는 재판을 받으면서도 국민을 위해 싸운다고 외친다. 하지만 그 외침 속에는 국민이 아닌 자신을 위한 변명이 더 짙게 깔려 있다. 법을 어긴 사람들이 법을 바꾸려 하니 그 변화가 국민을 위한 것일 리 없다.

이제 우리에게 필요한 것은 복잡한 이념의 싸움이 아닌 상식이다. 깨끗한 사람이 법을 만들고 국민이 그 법을 신뢰할 수 있는 나라, 그 상식이 무너졌기 때문에 지금의 혼란이 생긴 것이다. 법의 이름으로 불의를 덮고, 정의를 가장한 불법이 판치는 사회가 되어버렸다. 그래서 나는 법을 바로 세우기 위해서는 세 가지 원칙이 필요하다고 본다.

첫째, 법을 어긴 사람은 법을 만들 수 없어야 한다.

국민의 대표가 되려면 최소한 법을 지킨 사람이어야 한다. 국회의원이라는 자리는 권력이 아니라 책임이다. 전과자에게 입법의 권한을 맡긴다는 건, 범죄자에게 열쇠를 쥐여주는 일과 다르지 않다.

둘째, 국민이 직접 국회의 책임을 물을 수 있어야 한다.

선거 한 번으로 끝나는 책임은 아무 의미가 없다. 국민 소환제가 실질적으로 작동해야 한다. 국회의원이 국민을 배신하면, 국민이 직접 그를 불러내야 한다. 국민의 손으로 뽑은 사람이라면, 국민의 손으로 거둘 수도 있어야 한다. 대만에서는 24명이나 되는 국회의원을 국민이 소환하여 파면하는 선거를 치른다고 한다.

셋째, 민생 법안 처리 위반 시 강력한 처벌기준을 법제화해야 한다.

민생 법안은 반드시 최대 3개월 이내에 처리하도록 법제화하고, 이 기간 내에 처리하지 않으면 국회의장 직권으로 본회의에 자동 상정되는 시스템을 도입해야 한다. 독일의 경우, 민생 법안이 기한 내 처리되지 않으면 의회 감독 기구가 개입하여 해당 법안을 우선 심사하고, 의원들이 이를 지연시킬 경우 직접적인 벌금과 징계를 부과할 수 있다. 우리도 민생 법안 처리 의무화와 지연 시 처벌 규정을 포함한 입법 개혁이 필요하다.

이는 단순히 법안의 통과율을 높이기 위한 것이 아니라, 국회의 본래 기능을 회복하고 국민의 삶을 최우선으로 다루는 입법기관으로 거듭나기 위해 반드시 필요한 제도적 개선이 될 것이다.

국민이 분노하지 않을 때, 정치인은 가장 편안해진다. 그들은 국민의 무관심 속에서 자신들의 법을 세운다. 그 법은 늘 자신들에게 관대하고, 국민에게는 냉혹하다.

그래서 지금, 국민이 다시 나서야 한다. 썩은 가지를 쳐내고, 거짓의 탈을 쓴 정의를 벗겨내야 한다. 그것이 국민의 권리이자 의무다.

이제는 국민이 직접 국회를 심판해야 한다. 부패한 정치인을 소환하고, 국민을 배신한 자들을 스스로의 자리에서 내려오게 해야 한다. 그것이 국민 소환제의 진정한 의미다. 범법자가 법을 만드는 시대는 이제 끝나야 한다. 그 끝은 거창한 구호가 아니라, 국민 한 사람의 깨어 있는 선택에서 시작된다.

이제는 우리 국민들이 여야 범죄자 국회의원을 탄핵할 차례이다. 대한민국은 법치국가이다. 그리고 민주주의 국가이다. 고대 그리스 철학자 플라톤은 '가장 큰 악은 법의 이름으로 행해지는 불의이다'라고 경고했다. 법은 정의를 실현하기 위한 가장 강력한 공적 도구이며, 불의한 행위가 법의 권력을 등에 업고 정당화되는 것은 가장 큰 악이기 때문이다.

50억 클럽

나는 60 평생 경찰서 문턱에도 가본 적이 없다. 단 몇만 원짜리 교통 법규 위반 딱지에도 기한 내에 내지 못할까 봐 조바심을 내며 메모를 해 두곤 한다. 나만 그런 것은 아닐 것이다. 대다수 대한민국 국민은 정부가 정한 법을 준수하며 성실하게 살아간다. 작은 벌금 하나에도 노심초사하며 기한을 지키려 애쓰는 것이 바로 우리네 삶이다.

어릴 적 초등학교의 기억이 아직도 선명하다. 육성회비를 제때 내지 못해 선생님께 불려 나갔던 일이다. "부모님께 언제까지 육성회비 내겠다고 여쭤보고 와라"는 선생님의 말씀에 아버지는 열흘 안에 주겠다고 하셨고, 나는 그 말을 믿고 선생님께 이야기했다. 하지만 열흘이 지나도 돈은 없었고, 어린 마음에 아버지를 향해 "개놈의 아버지!"라고 소리치며 방문을 쾅 닫고 학교에 가던 기억이 있다. 형이 둘이나 있었기에 육성회비는 늘 세 몫이었다. 공무원이셨던 아버지는 늘 돈에 쪼들렸다. 지금 생각해도 아버지에게 왜 그렇게까지 격한 말을 내뱉었을까 후회가 밀려온다. 당시 대부분의 친구들 역시 육성회비를 제때 내지 못했고, 선생님과의 대화는 늘 육성회비가 그 주제였다. 그래도 늦게나마 육성회비는 반드시 냈고, 중학교, 고등학교, 대학교를 거치며 점점 더 불어나는 등록금은 아버지의 어깨를 짓눌렀다. 평생을 정직하게 사셨던 아버지는 돌아가시기 전에도 "정직하게 살라"는 유언을 남기셨다. 내가 아는 대부분의 공무원, 그리고 대다수 국민은 아버지처럼 성실하고 정직하게 살아간다. 그런데 지금 우리 국회의원들은 어떤가? 재산 목록을 보면 하나같이 수십억 원대다. 물론 재산이 많은 것 자체가 잘못은 아니다. 성실한 노력과 탁월한 능력으로 재산을 증식했다면 마땅히 존경받아야 한다. 하지만 매년 신고하는 재산 현황을 보면 1년 만에 재산이 폭발적으로 늘어나는 경우가 허다하다. 어떻게 이런 일이 가능할까? 외국에서는 재산 증가 사유를 명확히 밝히도록 하지만, 우리나라는 그저 신고만 하면 그만이라고 한다.

나는 오래전부터 한 가지 의문이 있었다.

'이미 수십억 원대의 자산을 가진 국회의원들이 왜 그토록 국회의원이 되려고 안달일까? 단순한 권력욕 때문일까, 아니면 또 다른 이유가 있을까?'

최근 국회의원들의 재산 증식 현황을 접하고 나서야 그 의문이 비로소 풀렸다. 2021년 평균 25억 원이던 국회의원들의 재산은 2023년 43억 원으로 불과 2년 만에 약 72% 급증했다. 이처럼 짧은 기간 내에 재산이 폭발적으로 늘어나는 현상은 같은 기간 소득 정체와 빚더미에 시달리는 일반 국민의 현실과는 너무나 동떨어져 있다. 과연 1년 만에 수십억 원씩 급증하는 이 엄청난 재산 증식이 정당한 경제 활동만으로 가능할까? 우리는 이 질문에 "아니오"라고 답할 수밖에 없다.

미국, 일본, 영국 등 주요 국가에서는 연간 재산 변동과 투자 내역을 공개하고, 허위 신고 시 법적 책임을 지도록 규정한다. 그런데 우리나라는 그저 신고만 하면 그만이다. 재산 증가의 정당성을 확인할 수 있는 제도적 장치가 부족하고, 국민은 단지 보고만 있을 뿐이다. 정치인들의 무능과 부패로 나라는 빚더미에 앉았는데, 정작 그들은 배불리 잘 먹고 잘 산다. 선거 때만 되면 여야를 막론하고 마치 선심 쓰기 경쟁이라도 하듯 나랏돈을 퍼주었다. 자영업자와 젊은이들에게는 갚기 힘들다는 사실을 뻔히 알면서도 무분별한 대출을 해주었다. 그 결과, 현재 자영업자 70%가 적자에 허덕이고 있으며, 파산 및 회생 신청은 급증하고 있다. 일본 국회의원들의 평균 재산은 약 2억 1천만 원 정도로, 대부분 안정적인 자산 보유 형태를 유지하며 큰 폭의 재산 증가는 거의 없다. 미국의 상·하원 의원들 역시 평균 재산이 약 10억 원 수준이며, 연간 재산 증식도 1~3% 내외로 한국과는 매우 다른 양상을 보인다.

이와 비교해 보면, 한국 국회의원들의 재산 증가가 얼마나 비정상적인지 쉽게 파악할 수 있다. 가장 최근인 2023년 사례를 보면, 일부 의원은 1년 만에 무려 70억 원이 증가했고, 또 다른 의원은 47억 원, 30억 원씩 재산이 늘어난 것으로 나타났다. 상위 10위권 의원들만 보더라도 최소 7억 원에서 최대 70억 원까지 재산이 급증했다. 과연 1년 만에 이렇게 재산이 급증하는 것이 정당한 경제 활동만으로 가능할까? 그렇다면 이 엄청난 재산 증식은 단순히 경제적 성공의 결과일까, 아니면 권력과 정보를 활용하여 사적 이익을 추구한 결과일까?

국회의원들의 재산 증식 과정을 자세히 들여다보면, 단순한 경제적 성공이나 합법적인 투자만으로는 설명할 수 없는 경우가 많다. 국민들이 분노할 수밖에 없는 몇 가지 사례를 통해, 국회의원들이 어떻게 재산을 불려왔는지 그 실상을 파헤쳐보자.

먼저, 대한민국을 뒤흔든 50억 클럽 사건이 있다. 일개 민간 기업의 사원이 몇 년 근무하고 퇴직금 명목으로 50억 원을 받았다는 소식에 국민들은 경악을 금치 못했다. 내가 대기업에서 24년간 근무하고 받은 퇴직금이 1억 원도 채 되지 않는데, 몇 년 근무하고 50억 원이라니! 그것도 한두 명이 아닌 6명의 유력 정치인과 관계자들이 연루되었다고 하여 50억 클럽이라는 이름이 붙었다고 한다. 6명이 각각 50억 원씩의 뇌물을 받았다는 보도가 이어졌고, 이 거액의 뇌물은 특정 개발 정보를 제공하고 그 대가로 받은 금액임이 밝혀지며 정치권과 건설업자들 간의 뿌리 깊은 유착 관계를 적나라하게 보여주었다.

더욱 국민을 분노케 한 것은 단순히 돈이 오간 것을 넘어, 정치적 후원금이라는 명목으로 법적인 문제를 회피하려 한 정황이 드러났다는 점이다. 여야 정치인들은 정당 운영비로 사용될 자금이었다고 해명했지만, 국민들은 이 사건이 그저 부패한 정치권의 추악한 자금세탁에 불과하다는 인식을 지울 수 없었다. 50억 클럽 같은 사건은 결코 우연이 아니다. 빙산의 일각이다. 전 국회의원이 목포 근대역사 문화공간 일대 땅을 조카와 지인 명의로 사들인 일은, 문화재 지정 정보를 이용한 사익 추구라는 점에서 이해충돌과 권력 남용의 전형을 보여주었다. 차명 거래와 불투명한 소유 구조, 국민의 눈을 속이려 한 정황들 앞에서 우리의 분노는 커질 수밖에 없다.

전 국민의 관심사였던 대장동 개발 비리 사건은 더 엄청나다. 이 사건은 특정 지역 개발 사업에서 공무원과 정치인들이 거액의 이익을 챙긴 대표적인 사례다. 총 비리 규모는 수천억 원에 달하며, 개발 과정에서 막대한 초과 이익을 노린 민간업자와 정치인들이 유착되어 벌어진 초유의 비리였다. 국회의원뿐만 아니라 전·현직 고위 공무원들까지 연루된 이 사건은 개발 정보의 독점과 내부 거래의 심각성을 여실히 보여주었다. 이들은 인허가와 사업 계획 조정을 통해 자신들의 이익을 극대화했으며, 그로 인해 수많은 국민에게 깊은 상대적 박탈감을 안겼다. 마치 부패의 끝판 왕을 보는 듯했다. 그러나 이처럼 중대한 사건들조차 아직 재판이 진행 중이다. 재판이 길어질수록 국민들의 마음의 상처는 점점 더 깊어질 것이다.

이와 같은 사건들은 여야 정치인들이 국민을 위해 일하기보다는, 오히려 공적 자리를 이용하여 사적 이익을 추구해왔음을 명백히 보여준다. 이러한 행태를 막기 위해 국회는 이해충돌방지법을 도입했지만, 법 시행 이후 실제로 처벌된 국회의원은 단 한 명도 없다는 점에서 이 법의 실효성은 크게 의심받고 있다. 이해충돌방지법이라는 용어 자체가 너무 복잡하여, 일반 국민은 그 법이 무엇을 의미하는지조차 제대로 알기 어렵다. 이는 마치 일부러 국민들이 잘 이해하지 못하도록 교묘하게 만든 것처럼 보인다. 정작 법이 만들어졌음에도 국회의원들은 이를 지키지 않고, 내부에서 서로 징계 여부를 판단하며 셀프 징계로 그쳐왔다. 결국 이러한 모습은 국회의원들이 그 자리에 있는 이유가 국민을 위한 것이 아닌, 오로지 자신들의 배를 채우기 위해서가 아닐까 하는 강한 의구심을 갖게 한다. 매년 불어나는 재산과 잊을 만하면 터져 나오는 각종 비리들에 국민들은 실망과 분노를 감추지 못하고 있다. 이해충돌방지법까지 만들어놓고도, 정작 그들은 그 법을 비웃듯 서로에게 면죄부를 주고 있다. 국민 눈에는 이 법이 그들 스스로를 보호하려는 명분용 법처럼 보일 뿐이다.

이런 국회라면 해산이 답일지도 모른다. 무능하고 부패한 사람들이 국회의원이라는 이름으로 앉아 국민을 기만하고 자기 배만 불리는 현실을 더 이상 묵과할 수는 없다.

이제는 요구를 더 이상 미룰 시간이 없다.

첫째, 재산 증식의 출처를 투명하게 공개하는 법을 즉시 제정하라.

둘째, 부정하게 쌓은 재산은 환수하고 관련자는 엄중히 처벌하라.

침묵은 동의가 아니다. 변화는 분노가 행동으로 옮겨질 때에만 시작된다. 수많은 사건들이 여전히 재판 중이다. 재판이 길어질수록 국민들의 마음의 상처는 점점 더 깊어질 것이다. 유대인의 격언처럼, "돈은 무자비한 주인이지만 유익한 종이 되기도 한다." 탐욕과 불법으로 얻은 돈은 결국 파멸을 부르는 주인이 되어 법의 심판대에 서게 된다는 경고를, 그들은 외면하고 있다.

이제는 우리 손으로 정의를 다시 세워야 한다. 부패를 드러내고 책임을 묻는 그날까지, 우리의 분노는 멈추지 않을 것이다.

66

정치 선진국으로 가는 길

99

우리는 지금 이상한 축구 경기를 보고 있다. 나만 잘난 팀과 뻔뻔한 팀이 맞붙은 경기인데, 어느 팀도 국민을 위한 골을 넣지 못하고 있다. 나만 잘난 팀은 자기들끼리 싸우느라 정신이 없다. 자기 진영에서 자책골을 넣고도 서로 탓만 하며, 넘어지는 동료를 일으켜 세우는 대신 "너 때문에 졌다"며 손가락질한다.

경기에서의 승리보다 내부 싸움에 몰두하는 모습은, 마치 팀이 아니라 서로 다른 종목을 하는 사람들 같다. 그래서 사람들은 그들을 '나만 잘난 팀'이라 부른다. 반면, 뻔뻔한 팀은 겉으로 보기엔 단합이 잘되는 것처럼 보인다. 하지만 반칙을 하고도 사과 대신 심판에게 달려들어 항의하고, 심지어 심판을 바꾸려 한다. 규칙보다 감정이 앞서고, 잘못한 동료를 감싸며 "우리 편이니까 괜찮다"고 말한다. 그 순간 경기장은 축구장이 아니라, 자기편 감싸기의 무대가 되어버린다. 시간이 지날수록 경기는 난장판이 되었다.

나만 잘난 팀은 자기 골문에 공을 넣고, 뻔뻔한 팀은 룰을 바꾸며 경기를 자기 뜻대로 몰고 간다. 결국 어느 팀도 국민을 위한 골을 넣지 않았다. 관중이 기다리는 건 멋진 플레이가 아니라, 국민을 위한 법안이라는 득점이었지만 말이다. 처음엔 환호하던 국민들도 시간이 갈수록 야유를 보내고, 마침내 외치기 시작했다.

"이게 경기냐! 때려치워라!"

축구가 규칙을 지켜야 진짜 경기인 것처럼, 정치도 공정한 규칙과 국민을 위한 방향이 있어야만 진정한 정치가 된다. 하지만 지금 우리의 정치판은 그 기본조차 잃은 듯하다.

어릴 적 아버지는 늘 말씀하셨다.

"윤수야, 신문을 볼 땐 꼭 사설을 읽어야 한다. 그래야 나라 돌아가는 사정을 알 수 있단다."

그 말을 들은 뒤로 나는 30년 넘게 신문을 읽으며 사설을 챙겨보았다. 신문 속 세상은 바뀌었지만, 정치만큼은 참 놀랍도록 변하지 않았다. 35년 동안 신문을 읽으며 느낀 건 하나다. 한국 정치의 고질병은 시대가 변해도 여전하다는 것이다. 정치인들은 서로 고함을 지르고, 발언을 막고, 몸싸움까지 벌인다. 국회 문이 잠기면 망치와 톱을 들고 부수던 장면도 아직 생생하다. 그들은 국민을 위한 논쟁이 아니라, 상대를 이기기 위한 싸움에 더 익숙하다. 정치는 토론의 장이 아니라 싸움의 무대가 되어버렸다.

요즘 나는 TV 뉴스를 거의 보지 않는다. 이슈를 다루는 뉴스도, 정치인들이 나오는 토론 프로그램도 마찬가지다. 보면 볼수록 스트레스만 쌓이기 때문이다. 뉴스의 상당 부분은 거짓 선동으로 가득하고, 정치 토론은 마치 정치 깡패들이 하는 토론 같아 아예 외면하기로 했다. 하지만 외면만 하는 것이 해결책이 될 수는 없다. 정치의 목적이 국민 통합과 나라 발전이 아니라 권력 유지라면, 우리는 결코 정치 선진국으로 나아갈 수 없다. 옛날엔 수백만 원짜리 뇌물 사건이 뉴스거리가 되었지만, 지금은 수십억, 수백억 원 규모의 사건이 연일 터진다. 국민이 다 아는 일인데도, 그들은 여전히 "법적으로 문제없다"며 고개를 든다. 법을 만드는 사람들이 법의 틈새를 이용하고 있는 셈이다. 심지어 국회 회의 도중 비트코인을 거래한 의원까지 있었으니, 양심이라는 단어가 그들 사전에 남아 있는지조차 의문이다. 정치가 국민을 둘로 갈라놓고 있다는 점도 심각하다. 정치인들은 표를 얻기 위해 지역과 세대를 갈라놓고, 서로를 우리 편과 저쪽 편으로 나눈다. 영남과 호남, 서울과 지방, 보수와 진보 이 구도를 이용하는 건 언제나 정치인들이고, 그 피해를 보는 건 늘 국민이다.

이런 정치가 계속된다면 우리는 결코 선진국으로 갈 수 없다. 정치의 본질은 국민을 갈라놓는 것이 아니라 하나로 묶는 힘이어야 한다. 그렇다면, 우리는 정치 선진국의 모습을 통해 무엇을 배워야 할까? 국민을 분열시키는 정치는 이제 끝내야 하지 않을까?

이제 우리도 정치 선진국으로 나아가기 위해 변화해야 한다. 우리는 정치 선진국인 스웨덴과 스위스에서 지혜를 얻어야 한다. 스웨덴은 합의와 협력으로 정치 선진국의 길을 보여주었고, 스위스는 포퓰리즘을 거부하는 국민의 성숙한 판단으로 그 길을 증명했다. 최근 스위스에서는 '수퍼리치 과세안'이라 불린 법안이 국민투표에 부쳐졌다. 부자들에게 상속세를 50% 부과하자는 내용이었고, 대상은 전체 인구의 0.027%에 불과했다. 그럼에도 스위스 국민들은 약 80%에 가까운 압도적인 반대로 이 법안을 부결시켰다. "부자들이 떠나면 국가 경제가 무너진다"는 현실적 이유 때문이었다. 스위스 국민은 이미 기본소득안, 연금 인상안, 휴가 확대안 같은 달콤한 제안도 모두 거부한 바 있다. 그들은 "세상에 공짜는 없다"는 진리를 받아들이며 나라의 지속 가능성을 선택했다. 공짜 점심은 없다는 사실을 국민 스스로 깨닫고, 포퓰리즘의 유혹을 거부한 것이다. 이런 성숙한 판단이야말로 정치 선진국으로 가는 길을 보여준다.

반면 우리 정치가 포퓰리즘에 휘둘린다면, 베네수엘라처럼 나라가 위기에 빠질 수도 있다. 베네수엘라는 세계 최대 석유 매장량을 가진 나라였지만, 포퓰리즘적 복지와 부패, 경제 규제로 인해 국민의 90% 이상이 빈곤층으로 전락했다. 화폐 가치는 휴지조각이 되었고, 식량과 약조차 구하기 어려운 나라가 되었다. '공짜'라는 달콤한 약속이 결국 나라 전체를 무너뜨린 것이다. 나는 60 평생을 살면서 이 진리를 몸으로 확인해 왔다. 세상에 공짜는 없다. 이제 우리 정치인들도 각성하고 정치 선진국의 지혜를 배워야 한다. 그렇다면 그 지혜를 우리 현실에 어떻게 적용할 수 있을까?

몇 가지로 정리해 보고자 한다.

첫째, 감정싸움을 멈추고 합리적 협의 시스템을 정착시켜야 한다.

현재 국회 위원회 회의는 내용의 본질을 논의하기보다 고성과 조롱이 난무하는 파행의 장이 되었다. 중립을 지켜야 할 위원장조차 사사건건 개입하며 회의를 주도하고, 결국 다수결이라는 이름으로 졸속 법안들이 밀어붙여지는 행태가 반복된다. 스웨덴의 합의 회의 제도처럼, 모든 정당이 국민 전체를 위한 최선의 결과에 도달할 때까지 충분히 논의하고 협력하는 문화를 정착시켜야 한다.

우리나라에는 17개의 위원회가 존재한다. 중요한 사안을 논의하고 결정하는 자리지만, 내용의 본질을 논의하는 모습은 찾아보기 어렵다. 모든 논의가 감정을 앞세우며 회의를 진행하는 사람조차 중립을 지켜야 한다는 기본 원칙을 잊고 있다. 위원장이 가장 많은 발언을 쏟아내며 사사건건 끼어들어 간섭하고, 마치 한풀이라도 하듯이 서로를 조롱하며 고함을 지르다 사과를 할 때까지 회의를 중단하겠다고 하는 일도 비일비재하다.

결국 회의는 파행으로 끝나고, 한쪽이 모두 퇴장한 가운데 중요 법안들이 통과되는 일이 반복된다. 여야가 하는 짓이 다르지 않다. 다수결이라는 이름으로 밀어붙여지는 졸속 법안은 결국 국민에게 막대한 손실을 안긴다. 국민을 위한 합리적인 논의와 타협의 장을 만들어야 한다. 스웨덴의 합의 회의 제도처럼, 모든 정당이 국민 전체를 위한 최선의 결과에 도달할 때까지 충분히 논의하고 협력하는 문화를 정착시켜야 한다.

둘째, 정치인의 윤리와 양심을 제도적으로 강화해야 한다.

아무리 훌륭한 제도와 협의 구조가 있어도 그 제도를 다루는 사람이 정직하지 않다면, 정치가 바로 설 수 없다. 거짓말 · 부패 · 편법에 대해 단호한 책임을 묻는 문화가 정착될 때 비로소 정치의 신뢰가 회복될 것이다.

셋째, 지역감정을 국민 통합으로 만들어야 한다.

정치가 국민을 갈라놓는 도구가 되어서는 안 된다. 지역감정과 당리당략을 넘어, 정치인들은 국민 전체의 이익과 통합을 중심으로 정책을 설계해야 한다. 예를 들어, 스웨덴의 크로스 캠프 제도처럼 서로 다른 지역과 정당의 의원들이 팀을 이루어 공동으로 법안을 연구하고 합의를 통해 정책을 만들어 내는 방법이 있다.

어처구니

정치 선진국으로 가는 길은 멀고 험할 수 있다. 하지만 그 길은 결코 남의 일이 아니다. 나는 35년 동안 신문 사설을 읽으며 한 가지 진실을 배웠다. 우리 정치의 병은 결국 정의와 양심의 부재에서 비롯된다는 것을. 국회는 여전히 고성과 막말이 오가는 싸움터가 되었고, 그 속에서 국민의 삶은 종종 뒷전으로 밀려났다.

그러나 정치는 곧 미래를 가르치는 교실이다. 국회의원이 보여주는 태도 하나, 말 한마디가 아이들의 머릿속에 민주주의라는 이름으로 새겨진다. 그렇다면 지금 우리는 어떤 미래를 가르치고 있는가?

대한민국에는 해태상이 두 개가 있다. 하나는 청와대에 있고 하나는 국회의사당에 있다. 청와대에 있는 해태상은 부정을 막고 정의를 수호하며 나라의 평화와 안녕을 기원하는 의미를 담고 있다. 국회의사당 앞의 해태상은 국민을 대변하여 올바른 법을 제정하는 뜻을 품은 수호신이다. 오늘도 해태상은 아무 말 없이 그 자리를 지키고 있다.

정치인은 그 앞을 지날 때마다 스스로에게 물어야 한다.

"나는 지금, 정의의 길 위에 서 있는가?"

"나는 정말 국민을 위해, 올바른 민생법안을 만들고 있는가?"

정치는 국민의 삶을 향한 진심과, 책임을 지는 마음에서 시작된다. 우리 국민 역시 정의로운 나라를 세우기 위해 당의 이름보다 사람의 됨됨이를 먼저 보아야 한다. 전과자에게 표를 주지 말고, 거짓말하는 사람에게 권력을 맡기지 말자. 나라의 미래를 위해 일할 줄 아는, 능력 있고 성품 바른 이들을 선택하자. 정치 선진국으로 가는 길은 멀리 있는 것이 아니다. 정의와 진실, 그리고 국민 한 사람 한 사람의 현명한 한 표가 모일 때, 비로소 우리는 품격 있는 나라, 미래 세대가 자랑스러워할 정치 선진국의

문 앞에 서게 될 것이다. 해태상은 묵묵히 지켜보고 있다. 국민이 올바른
국회의원을 뽑고, 그들이 정직하게 정치할 때만 우리의 정치는 정치 선진
국으로 나아갈 수 있다.

5장

대한민국이 하하하

대한민국 대통령의 업적

나는 대한민국의 현대사를 온몸으로 겪어온 한 사람이다. 거리마다 최루탄 연기가 자욱하던 시절, 형들이 돌멩이를 던지며 뛰던 그 현장에 나도 있었다. 텔레비전에서는 대통령이 바뀔 때마다 국민이 환호했지만, 시간이 지나면 어김없이 실망과 분열이 찾아왔다. 그때마다 나는 같은 질문을 스스로에게 던졌다.

'왜 우리는 늘 대통령을 사랑했다가, 미워하며 끝나는가?'

이 나라는 수많은 변화를 겪어왔다. 군사정권의 암흑도, 민주화의 뜨거운 열기도, 경제성장의 눈부신 기적도 모두 나의 성장과 함께 겪어온 시간들이다. 그 과정에서 대통령은 언제나 국민의 희망이자 분노의 대상이었다. 광장에 모여 외치던 사람들, 거리에서 마주친 군인들의 눈빛, 그리고 텔레비전 속 대통령의 표정이 지금도 생생하다. 나는 그 긴 세월 동안 느꼈다. 한 나라의 지도자를 세우고 끌어내리는 일보다 더 중요한 것은, 그들의 공과를 균형 있게 바라보는 국민의 성숙함이라는 것을. 우리가 겪은 시대의 상처를 정리하고, 각 대통령의 진심과 한계를 함께 이해할 때 비로소 이 나라는 앞으로 나아갈 수 있다.

이 글은 내가 살아오며 직접 목격한 대통령들의 성과에 대한 기록이다. 내가 본 대한민국 대통령들의 이야기에 나의 진심을 담아 전하고자 한다.

이승만 대통령(1948~1960년)

대한민국 초대 대통령으로서 6.25 전쟁이라는 절체절명의 위기 속에서 국가의 생존과 체제를 확립했다.

1. **대한민국 정부 수립:** 대한민국을 자유민주주의 국가로서 공식 출범시켰다.
2. **한미상호방위조약 체결:** 북한의 군사적 위협으로부터 국가를 보위하는 핵심 방패를 만들었다.
3. **농지개혁 단행:** 지주제를 청산하고 농민에게 토지를 분배하여, 자영농을 육성하고 사회적 안정에 기여했다.
4. **6년제 의무교육 도입:** 국민 교육 수준을 대폭 향상시키고, 이후 경제 발전의 인적 자원을 공급하는 결정적 기반이 되었다.
5. **국군 창설:** 미군정의 군사력 해체 시도 속에서도 독자적인 군사력을 창설하고 육성했다.

박정희 대통령(1963~1979년)

전쟁 후 최빈국에서 벗어나기 위해 빈곤 탈출을 최우선 목표로 강력한 경제개발 5개년 계획을 수립 추진했다.

1. **경제개발 5개년 계획:** 농업 국가에서 산업 국가로 전환시킨 역사적 경제 성과를 달성했다. 포항제철, 울산공단 등 국가 산업의 핵심인 철강, 조선, 기계 등 중공업 자립의 초석을 다져 선진국 도약의 발판을 마련했다.

2. **경부고속도로 건설:** 전국을 일일생활권으로 묶어 산업과 인력 이동의 효율성을 극대화하였다.

3. **의료보험 제도의 초석:** 국민 전체를 대상으로 하는 의료보험 제도의 법적, 제도적 기반이 마련되었다. 1977년 의료보험법이 제정되고, 500인 이상 사업장 근로자를 대상으로 하는 직장의료보험이 의무화되면서 우리나라 사회보험 방식의 의료보험이 처음으로 시작되었다.

4. **새마을 운동:** 농촌의 생활 환경을 근대화하고, 근면 · 자조 · 협동 정신을 강조하며 낙후되었던 농어촌 지역의 발전을 이끌었다.

5. **한국과학기술연구기관(KIST 등) 설립:** 미래 성장 동력을 위해 과학기술 인재를 양성하고 정부 주도로 연구 개발 역량을 키워 기술 자립의 기초를 다졌다.

전두환 대통령(1980~1988년)

5.18 민주화운동 유혈 진압 등 권력 장악 과정의 논란에도 불구하고, 1980년대 3저 호황을 바탕으로 경제적 안정을 최우선 목표로 삼았다.

1. **지속적인 물가 안정 :** 물가 안정을 국정 최우선 과제로 삼아 연평균 10%에 육박하는 경제 성장률(1986~1988년)을 달성했다.

2. **86 아시안 게임과 88 서울 올림픽 유치:** 86아시안게임을 성공으로 개최하였고 1988년 서울 올림픽을 유치하여 한국의 스포츠 위상을 국제적으로 끌어 올렸다.

3. **야간 통행금지와 교복/두발 자율화 폐지:** 37년간 지속된 야간 통행금지를 전격 해제하고, 교복/두발 자율화를 통해 사회적 억압을 완화하고 생활 속 자유를 확대했다.

4. **최초의 평화적 임기 단임제 시행:** 헌법에 명시된 7년 단임제를 지키고 평화적 정권 이양을 실행함으로써 대통령의 장기 집권 관행을 종식시켰다.

5. **통신 및 IT 인프라 구축의 기반 마련:** 전국 기본 통신망 구축 및 한일 해저 광케이블 건설 참여 등 한국이 향후 IT 강국으로 도약하는 데 필요한 초기 통신 인프라의 초석을 다졌다.

노태우 대통령(1988~1993년)

6.29 민주화 선언으로 탄생한 최초의 직선제 대통령이며, 민주주의 이행과 동시에 공산권 국가와의 관계 개선이라는 외교적 성과에 집중했다.

1. **6.29 민주화 선언을 통한 직선제 수용:** 전두환 정부 말기 국민들의 민주화 요구를 수용하고 대통령 직선제 개헌을 약속하는 6.29 선언을 발표하여, 대한민국의 민주화 시대를 공식적으로 개막했다.

2. **북방정책 성공 및 공산권 국가와 수교:** 소련, 중국, 동유럽 국가 등 공산권 국가들과 대거 수교하며 한국 외교의 지평을 넓히고 경제 협력 기반을 확대했다.

3. **남북한 유엔(UN) 동시 가입 및 남북기본합의서 채택:** 남북 관계의 큰 이정표인 남북한 UN 동시 가입(1991년)을 실현하여 국제 사회에서 두 국가의 실재를 인정받았으며, 남북기본합의서를 통해 관계 개선의 틀을 마련했다.

4. **1기 신도시 건설 및 주택 200만 호 공급:** 분당, 일산, 평촌 등 수도권 1기 신도시를 건설하는 대규모 주택 정책을 추진하여 주택난 해소와 부동산 시장 안정화에 크게 기여했다.

5. **전 국민 의료보험 시대 완성:** 박정희 정부부터 시작된 의료보험 제도를 확대하여 1989년 농어촌 및 도시지역 자영업자를 포함한 전 국민을 대상으로 의료보험을 확대 실시해 보편적 의료 복지의 기틀을 확립했다.

김영삼 대통령(1993~1998년)

군사정권을 종식하고 문민정부 출범시켜 민주주의의 기반을 구축하였다.

1. **하나회 해체 및 군부 숙정:** 군사 쿠데타의 오랜 악순환을 끊고 군의 정치 개입을 영구적으로 차단하여 진정한 문민 통치 시대를 열었다.

2. **금융실명제 전격 실시:** 지하 경제의 양성화와 부정부패 근절을 위한 가장 강력한 제도적 장치로, 한국 경제와 사회의 투명성을 혁신적으로 강화했다.

3. **공직자 재산 공개 의무화:** 고위 공직자의 청렴성과 투명성을 높여

부패와의 전쟁을 상징적으로 보여주었으며, 공직 사회 개혁의 동력이 되었다.

4. **지방자치제 전면 실시:** 30여 년 만에 지방의회와 지방단체장을 선출하며 민주주의의 풀뿌리를 단단하게 내리고 지방분권의 시대를 열었다.

5. **OECD 가입:** 한국 경제가 선진국 클럽에 진입했음을 국제적으로 선언한 사건이다.

김대중 대통령(1998~2003년)

IMF 외환위기라는 국가적 재난과 분단이라는 고질적 문제 속에서 위기 극복과 화해의 리더십을 발휘했다.

1. **IMF 외환위기 성공적 극복:** 국가 부도 직전의 위기를 조기에 수습하고 기업 및 금융 구조조정을 단행하여 경제 재도약의 발판을 마련했다.

2. **최초의 평화적 여·야 정권 교체:** 50년 한국 헌정사에서 평화롭고 민주적인 정권 교체의 선례를 만들어 민주주의의 성숙한 이정표를 세웠다.

3. **남북정상회담 및 햇볕정책 추진:** 분단 55년 만의 첫 정상회담으로 긴장 완화와 평화 공존의 가능성을 열었으며, 국제적인 화해 노력으로 노벨 평화상을 수상했다.

4. **IT 강국 기반 구축:** 전국적인 초고속 통신망 인프라를 선제적으로 구축하여 대한민국을 세계적인 IT 강국으로 도약시키는 결정적인

동력이 되었다.

5. **국민 기초 생활 보장 제도 도입:** 실업과 빈곤의 위험으로부터 국민을 보호하는 최소한의 사회안전망을 구축하여 복지 국가로 나아가는 제도적 기반을 확립했다.

노무현 대통령(2003~2008년)

권위주의 청산과 지역주의 타파라는 정치적 숙제를 안고 참여 민주주의와 균형 발전을 추구했다.

1. **권위주의 청산 및 정치 개혁:** 대통령 권한 축소와 민주적 절차 강화를 통해 권위주의적 정치 문화를 탈피하고 투명하고 수평적인 국정 운영의 기조를 마련했다.
2. **지방 균형 발전 정책 추진:** 신행정수도(세종시) 건설 및 공공기관 지방 이전(혁신도시) 등을 추진하여 수도권 집중을 완화하고 국토의 균형 있는 발전을 시도했다.
3. **한미 FTA 체결 추진:** 격렬한 반대에도 불구하고 개방을 통한 경제 체질 개선을 목표로 거대 경제권과의 자유무역협정을 추진하여 글로벌 경제 경쟁력을 강화했다.
4. **과거사 정리 및 국가 인권위 설치:** 독재 시절의 인권 침해 사건을 공식적으로 조사하고 국가인권위원회를 설립하여 인권 선진국으로 나아가는 발판을 마련했다.
5. **재정 건전성 확보:** 국가 채무 비율을 낮추고 경제 위기에 대비할 재정 기반을 다졌다.

이명박 대통령(2008년~2013년)

글로벌 금융위기 극복과 경제 재활성화를 최우선 과제로 삼았으며, 실용주의적 정책을 추진했다.

1. **글로벌 금융위기 조기 극복:** 2008년 글로벌 금융위기 당시 발 빠른 정책 대응으로 OECD 국가 중 가장 빠른 경제 회복을 이끌어냈으며, 무역 1조를 달성했다.

2. **G20 정상회의 성공적 개최 및 국격 제고:** 서울에서 G20 정상회의를 성공적으로 개최하여 대한민국의 글로벌 경제 리더십과 국격을 한 단계 높이는 계기를 마련했다.

3. **주요국과의 FTA 체결:** 한-EU, 한-미 FTA를 최종적으로 발효시켜 한국 경제의 개방과 경쟁력을 강화하고 수출 시장을 확대하는 기반을 마련했다.

4. **4대강 정비 사업 및 청계천 정비:** 대규모 4대강 정비 사업을 통해 홍수 및 가뭄에 대한 치수 능력 향상을 했으며, 청계천 고가를 없애고 시민들의 놀이공간인 하천을 복원하였다.

5. **녹색성장 및 에너지 외교 추진:** 녹색성장을 새로운 국가 패러다임으로 제시하고, UAE 원전 수출 등 자원 및 에너지 분야에서 가시적인 외교 성과를 달성했다. 대한민국이 원전 수출국 6번째 국가가 되었다.

박근혜 대통령(2013~2016년)

국민 복지 확대와 경제 민주화를 공약으로 내걸었으나, 임기 중 세월

호 참사와 탄핵이라는 비극적인 사건으로 인해 국정이 중단되었다.

1. **공무원 연금 개혁추진:** 공무원 연금의 재정 고갈을 막기 위해 수령액을 줄이고 보험료를 높이는 고강도 개혁을 단행하여 미래 세대 재정 부담 경감에 기여했다.

2. **북한의 핵실험 및 미사일 도발에 대한 강경 대응:** 4차, 5차 핵실험 등 북한의 도발에 맞서 개성공단 전면 중단 등 강력한 제재 조치를 취하며 대북 정책의 원칙을 강조했다.

3. **기초연금 도입 및 보육 정책 확대:** 만 65세 이상 노인 대상의 기초연금을 도입하고 무상 보육을 확대하는 등 복지 공약을 이행했다.

4. **통일준비위원회 설치:** 남북 관계 개선 및 통일 방안에 대한 구체적인 로드맵을 제시했다.

5. **창조경제 혁신센터 전국 확대:** 창의적 아이디어를 사업화할 수 있도록 지원하는 창조경제 혁신센터를 전국에 설립하여 지역 기반의 벤처 창업 생태계 조성을 시도했다.

문재인 대통령 (2017~2022년)

촛불 혁명으로 취임하여 적폐 청산, 공정 사회를 국정 철학으로 삼았으며, 한반도 평화 프로세스와 코로나19 대응에 집중했다.

1. **남북 정상회담 및 북미 정상회담 중재:** 한반도의 군사적 긴장을 일시적으로 낮추고 평화 정착의 가능성을 모색했다.

2. **코로나19 팬데믹 초기 방역 및 대응:** K-방역이라 불린 초기의 신

며 국제 사회에서 성공적인 모범 사례로 평가받았다.

3. **포용복지 확대:** 기초연금 · 아동수당을 도입하였고 건강보험 보장성을 강화했으며 공공임대주택 확대 및 사회적 약자 보호정책을 추진하였다.

4. **최저 임금 인상 및 주 52시간 근무제 도입:** 노동자의 삶의 질 개선을 목표로 최저 임금을 대폭 인상하고 주 52시간 근무제를 도입하여 노동 환경 변화를 이끌었다.

5. **신남방 · 신북방 외교 추진:** 미 · 중 중심 외교에서 벗어나 아세안 국가 및 러시아 등 유라시아로 외교 영역을 확대하여 한국의 외교적 입지를 다변화했다.

윤석열 대통령(2022~2024년)

자유와 법치를 핵심 가치로 내세우며 취임하여, 글로벌 복합 위기 속에서 한미일 동맹 강화와 민간 주도 경제 성장을 추진하였다.

1. **한미일 안보 및 외교 협력 강화:** 12년 만에 한미일 3국 동맹을 복원 및 강화하고 캠프 데이비드 선언 등을 통해 북한 및 주변국 위협에 대응하는 외교 안보 축을 재정립했다. 일본과는 강제징용 문제 해법 제시 등 대일 관계의 개선을 시도하여 한일 안보 및 경제 협력의 물꼬를 다시 트는 계기를 마련했다.

2. **노동 · 연금 · 교육 3대 개혁 추진:** 미래 세대의 부담 경감과 지속 가능한 성장을 위해 노동 시장 유연화, 연금 재정 건전화, 교육 다

양성 확대 등 구조 개혁을 국정 핵심 과제로 제시했다.

3. **탈원전 정책 폐기 및 원전 최강국 추진:** 이전 정부의 탈원전 계획을 폐기하고 소형 모듈 원전 개발 등 에너지 정책을 펼쳤다.

4. **경제활력 제고 및 대한민국1호 영업사원 외교:** 대통령이 직접 사우디아라비아 등 대규모 투자유치 및 수출증진을 위한 세일즈 외교를 펼쳤다.

5. **국가 보훈 강화 및 역사 재정립 노력:** 독립 영웅 및 국가 유공자에 대한 예우를 강화하고, 자유민주주의 수호의 역사적 가치를 강조하며 보훈 정책을 격상시켰다.

우리는 오랫동안 대통령의 잘한 일은 당연한 것으로 여기고, 잘못한 일에는 끝없는 비난을 퍼부어 왔다. 그러나 이제는 돌아보아야 한다. 그렇게 비판하는 데 쏟았던 우리의 에너지가, 과연 이 나라를 더 나은 곳으로 만들었는가? 이제는 비난이 아니라 성찰의 시간이 필요하다. 그들이 남긴 공적을 되짚어보고, 실패 속에서도 배워야 할 교훈을 찾아야 한다. 역대 대통령들을 선악의 잣대로만 평가하기보다, 그들이 이루지 못한 지속 가능한 성장과 사회 통합을 우리가 이어가야 한다.

나는 대한민국이 미국이나 유럽처럼, 전직 대통령들이 국민의 존경을 받으며 사회의 어른으로 살아가는 나라가 되기를 바란다. 감옥에 가는 대통령이 더 이상 나오지 않는 나라, 대통령의 유산을 따뜻한 시선으로 계승하는 국민의 나라를 꿈꾼다. 진정한 선진국은 경제적 풍요만으로 완성되지 않는다. 미국의 초대 대통령 조지 워싱턴이 말했듯이 '국민은 정부의 최종적인 주인'이다. 우리의 성숙한 판단이야말로 이 나라를 지탱하는 힘이다. 이제 우리는, 지도자를 끝없이 비난하는 나라에서 그들의 공과를 성숙하게 끌어안고, 더 나은 미래를 스스로 설계하는 책임 있는 국민의 나라로 나아가야 한다.

그것이 바로 우리가 겪어온 모든 역사의 시련에 보답하는 길이다.

" 한강의 기적을 만든 다섯 거인들 "

어머니께서 가족이 모일 때마다 늘 하시던 말씀이 있다. 내가 5살이 되었을 무렵의 이야기다. 돈암동에서 어머니께서 장사를 하시던 시절, 나는 항상 순대 가게 앞 전봇대에 기대어 멍하니 순대를 담은 찜통을 몇 시간 동안이나 바라보곤 했다고 한다. 어머니가 그 모습을 보시고는 웃으시며 "얼마나 먹고 싶으면 그렇게 오래 서 있었겠니?" 하시며 순대를 사 주셨다고 한다. 어머니는 이 이야기를 평생 수십 번도 넘게 하셨다. 지금도 내가 순대를 좋아하는 건 그때 어머니가 사 주신 순대 때문일 것이다.

정릉에 살 때는 동네에 미군 지프차가 나타나기만 하면 나와 아이들이 모두 뛰쳐나와 "기브 미 초콜릿"을 외치곤 했다. 우리말도 서툰 나이에 어떻게 그 말을 알았는지 지금 생각해도 신기하다. 초콜릿 하나라도 받을 수 있기를 바라며 지프차를 쫓아다녔고, 미군이 던져준 초콜릿을 주우려고 서로 밀치고 싸우던 기억이 아직도 생생하다. 초콜릿 하나에도 그렇게 기뻐했던 걸 생각하면, 그만큼 우리에게 배고픔은 일상이던 시절이었다.

돈암동 산꼭대기에 살 때, 아버지가 내게 처음으로 새 신발을 사다 주신 날도 잊을 수 없다. 새 신발을 신고 동네 골목을 뛰어다니며 얼마나 기뻤는지 모른다. 그런데 다음 날 아침, 그 소중한 신발이 사라졌다. 도둑을 맞은 거다. 아버지가 주신 소중한 선물을 그렇게 잃어버렸다는 사실은 아직까지도 마음에 상처로 남아 있다. 모두가 어려웠던 시절이라, 작은 물건 하나도 귀하게 느껴지던 때였다.

그 당시 우리나라의 GDP는 지금의 방글라데시보다도 낮았고, 세계에서 가장 가난한 나라 중 하나였다. 말 그대로 찢어지게 가난한 나라였다. 그러나 우리는 그 자리에서 멈추지 않았고, 지금은 당당히 선진국이 되었다. 그렇다면 누가, 어떻게 대한민국을 선진국으로 만들었을까?

바로, 그 어려움 속에서도 모두의 삶을 더 나아지게 하겠다는 사명감으로 헌신한 기업인들이었다. 그들의 노력 덕분에 우리는 순대가 먹고 싶어 바라보기만 하지 않아도 되고, 초콜릿을 먹기 위해 "기브 미 초콜릿"을 외치지 않아도 되는 세상에서 살게 되었다.

그 누구도 상상하지 못했던 5명의 젊은이가 나타났다. 정주영, 이병철, 구인회, 김우중, 박태준. 이 다섯 명의 젊은 기업가들은 전쟁으로 잿더미가 된 대한민국을 다시 세우겠다는 포부를 품고 있었다. 당시 대한민국은 외국의 원조 없이는 존립조차 어려운 나라였지만, 이들은 그 속에서도 한국을 세계 경제 무대에 우뚝 세우겠다는 도전 정신을 잃지 않았다. 그들의 노력 덕분에 우리는 세계 최초로 원조를 받던 나라에서 원조를 주는 나라로 탈바꿈했다. 그들은 진정 위대한 기업인이었고, 대한민국을 다시 일으킨 기적의 주역들이었다. 그리고 70년이 지난 오늘날에도, 이들이 세운 기업들은 여전히 굳건히 자리 잡고 있으며, 그들이 남긴 도전의 정신 역시 지금도 이어지고 있다.

이제, 내가 직접 겪은 이 위대한 다섯 명의 기업인들의 이야기를 하려한다. 그들이 어떻게 불가능을 가능으로 바꾸었는지, 그 도전과 헌신의여정을 함께 살펴보겠다.

정주영, 현대그룹 창업자
"이봐, 해봤어? 해보고 말해 인마!"

정주영 회장의 삶은 언제나 도전과 개척의 연속이었다. 직원이 어렵다고 말할 때마다 그는 언제나 "이봐, 해봤어? 해보고 말해 인마!"라는 했고, 이 말은 많은 이들에게 용기와 도전 정신을 심어주었다.

1915년 강원도 통천군에서 가난한 농부의 아들로 태어난 그의 학력은 초등학교가 전부였다. 그러나 그는 어린 시절부터 더 큰 세상을 꿈꿨다. 부모님이 지어준 농가에서 자라면서도 농부로 사는 것을 거부했던 정 회장은 몇 번이고 가출을 시도했다. 부친이 소를 팔아 마련한 70원을 훔쳐 가출하기도 했지만, 그때마다 아버지에게 잡혀 끌려왔다. 결국 가출에 성공한 그는 1930년 막노동을 하다가 경성으로 올라와 쌀 배달 점원으로 일하게 되었다. 당시 쌀 배달은 간단한 일이 아니었다. 정 회장은 무거운 쌀 포대를 짊어지고 좁고 복잡한 골목을 다니며 주문처로 날랐고, 어른들의 잔소리를 들어야 했다. 배달 도중 쌀 포대가 찢어지거나 작은 실수라도 하는 날에는 그날의 벌이가 사라지기 일쑤였다. 그럼에도 그는 매일 무거운 쌀을 나르며 주어진 일에 최선을 다했다. 정주영 회장은 훗날 자신을 대성공으로 이끈 출발점으로 이 시절을 떠올리며 "작은 일에 최선을 다하라"는 철학을 마음에 새겨 두었다고 한다.

1940년대 중반, 그는 자동차 정비 사업에 관심을 갖고 아도서비스를 설립하며 본격적으로 경영의 길에 들어섰다. 이후 이 경험을 바탕으로 건설업에 관심을 두게 되었고, 1947년 현대 자동차 공업사를 설립하며 현대그룹의 기초를 다지게 되었다. 이 시기의 자동차 정비와 건설업 경험은 현대그룹의 기틀을 마련하는 데 중요한 역할을 했다. 1950년대 초반 한국전쟁 후, 그는 경제 재건을 위한 다양한 건설 사업에 참여하며 현대건설을 본격적으로 성장시켰다. 1958년에는 현대건설이 서울-인천 고속도로를 건설하며 대한민국 최초의 고속도로 건설을 이끌었고, 이를 계기로 현대건설은 한국의 주요 건설회사로 자리 잡게 되었다.

1967년에는 박정희 대통령의 요청으로 경부고속도로 건설을 맡게 되었는데, 반대 여론과 어려운 경제 상황 속에서도 그는 공사를 강행했고, 결국 최단 기간에 경부고속도로를 완공하며 한국 경제의 대동맥을 구축하는 성과를 이루어냈다. 이와 관련해 유명한 일화가 하나 전해진다. 어느 날 정 회장은 공사 상황을 보고하기 위해 박정희 대통령을 만나러 청와대에 갔다. 대통령과 대화를 나누던 중 오랜 시간 이어진 무리한 현장 지휘와 부족한 수면으로 인해 지쳐 있던 정 회장은 순간적으로 고개가 떨어지면서 잠에 빠지고 말았다. 이를 본 박정희 대통령은 정 회장을 깨우지 않고 묵묵히 기다려 주었다고 한다. 잠에서 깬 정 회장은 대통령 앞에서 졸았다는 사실에 당황했지만, 박 대통령은 오히려 "고생이 많다"며 정 회장을 위로하고 격려했다. 이 일화는 박정희 대통령이 정주영 회장을 얼마나 신뢰했는지, 그리고 정 회장이 고속도로 건설에 얼마나 헌신했는지를 상징적으로 보여준다.

1971년 그는 현대중공업 설립을 위해 영국에서 차관을 얻어내며 조선업에 도전하게 된다. 이 과정에서 "거북선을 만든 민족"이라는 발언으로 500억 원 규모의 차관을 유치하는 데 성공한다. 영국 은행에서 차관을 받기 위해서는 당시 담당자였던 영국의 롱바텀 씨를 설득해야 하는 과제가 남아 있었다. 폐허가 된 대한민국에서 온 한 사람이 큰돈을 꿔 달라고 하자, 그는 반신반의하며 몇 가지 질문을 했다.

"경험도 없고 기술자도 없는 나라에 누가 차관을 빌려주겠습니까? 당신네 나라가 배를 만든 경험이 있습니까?"

정 회장은 순간 당황했지만 곧 기지를 발휘했다. 그는 주머니에 있던 500원짜리 지폐를 꺼내 책상 위에 올려놓으며 지폐에 그려진 거북선을 가리켰다. 그리고 이렇게 말했다고 전해진다.

"우리는 영국보다 300년 앞서 철갑선을 만들었습니다. 어느 나라가 지폐에 거짓말을 합니까?"

당당한 대답에 놀란 롱바텀 씨는 다시 물었다.

"그럼 기술자는 있습니까?"

정 회장은 "물론 있습니다. 그때 거북선을 만든 기술자들이 아직도 이어져 내려오고 있습니다"라고 답했다. 결국 정주영 회장은 조선소 모형 한 장, 조선소를 건립할 울산 사진 한 장, 그리고 500원짜리 지폐 한 장으로 차관 유치에 성공하는 기적을 이루었다. 이 차관으로 우리나라는 조선소를 설립하게 되었고 마침내 1974년 현대중공업의 울산 조선소에서 세계 최대 규모의 유조선을 건조하는 데 성공했다. 이를 계기로 한국은 세계 조선 강국으로 도약하게 된다. 지금도 현대 조선소는 전 세계에서 배를 잘 만드는 회사로 인정받고 있으며 연간 16조 원 의 매출을 올리고 있다.

1980년대에는 자동차 산업과 중공업을 확장하여 현대자동차의 첫 독자 모델인 '포니'를 개발했고, 이는 한국 자동차 산업을 상징하는 모델로 자리 잡았다.

1990년대에는 그는 소 1,001마리를 몰고 북한으로 넘어가 금강산 관광 사업을 성사시켰다. 남북 관계가 경직된 상황에서 그의 이 행보는 많은 이들에게 충격을 안겼다. 북한에 보낸 소떼는 단순한 선물이 아니었다. 그는 북한과의 경제 협력을 위한 발판을 마련하려 했고, 금강산 관광을 통해 남북 간 교류의 물꼬를 틀었다. 지금도 북한에는 그의 이름을 딴 정주영 체육관이 남아, 그가 남긴 흔적을 기리고 있다. 이는 남북 경제 협력의 상징으로 남은 중요한 순간이었다. 하지만 그의 도전은 여기서 끝나지 않았다. 정주영 회장은 정부로부터 계속해서 압박과 요구를 받으면서, 결국 1992년에 대통령 선거에 출마하기로 결심한다. 그 당시 그는 경제적 부흥을 이끌기 위해 직접 정치에 뛰어들었고, 파격적인 공약을 내세웠다. 가장 유명했던 공약은 바로 '반값 아파트'였다. 이 공약은 국민들에게 큰 인기를 끌었지만, 그는 선거에서 패배했다. 하지만 정치적 기반이 전무했던 그에 대한 지지율이 15%를 넘었다는 것은 대단한 일이었다.(민자당 김영삼 42%, 민주당 김대중 33.8%, 통일국민당 정주영 16.3%)

그의 마지막 도전이었던 대통령 선거 후 그는 2001년 세상을 떠났다. 그의 정치 도전은 실패로 끝났지만, 그는 여전히 기업가로서의 명성을 이어갔다. 정치인으로서의 정주영은 실패했을지라도, 그는 끝까지 국가 발전을 위한 길을 모색하며 스스로를 지켰다. 그의 아들 정몽구는 아버지의 뒤를 이어 현대자동차를 이끌었고, 오늘날 현대차는 전 세계 100대 기업에 당당히 이름을 올렸다. 정몽구 회장은 품질 혁신과 글로벌 시장 개척을 통해 현대차를 글로벌 브랜드로 성장시켰고, 그의 경영 철학은 아버지 정주영 회장의 도전 정신을 그대로 이어 받았다. 현재는 그의 아들 정의선 회장이 현대자동차 그룹을 이끌며 전기차, 수소차와 같은 친환경 기술로 세계 시장에서 새로운 혁신을 이끌고 있다.

이병철, 삼성그룹 창업자
"사업은 사람이 한다. 기업은 곧 사람이다."

이병철 회장은 한국 경제 발전과 삼성의 글로벌 도약을 이끈 선구자였다. 1910년 경남 의령에서 태어난 이병철 회장은 1938년 대구에서 삼성상회라는 작은 상점을 시작했다. 청과물과 건어물 무역을 주로 했던 삼성상회는 당시로서는 작은 상점이었지만, 이 회장은 직원들의 이름과 가족 사정까지 파악하며 신뢰를 쌓았다. 이를 통해 삼성은 초기부터 사람 중심의 경영 철학을 지향하며 성장하게 되었다.

한국 전쟁이 끝난 후, 이 회장은 제분과 제당 사업으로 제조업에 진출하며 삼성물산을 설립했다. 경제가 불안정한 상황에서도 "사업은 사람이 한다"라는 신념 아래 인재를 격려하며 위기를 이겨냈고, 삼성이 안정적으로 제조업 기반을 다지는 데 성공했다.

이병철 회장은 1969년 삼성전자공업주식회사를 설립하면서 본격적으로 가전제품 시장에 뛰어들었다. 당시 한국 가전제품 시장은 금성사(현 LG)가 주도하고 있었고, 삼성은 그 뒤를 쫓았다. 삼성은 빠르게 성장하며 TV, 세탁기, 냉장고와 같은 가전제품을 생산하기 시작했고, LG와의 경쟁은 본격화되었다. 특히 흑백 TV 시장에서 삼성과 LG는 치열한 경쟁을 벌였으며, 이 경쟁은 한국 전자산업을 발전시키는 중요한 동력이 되었다.

이병철 회장이 가장 크게 결단을 내린 순간은 바로 1980년대 초, 삼성의 반도체 사업 진출이었다. 당시 대부분의 사람들은 반도체 산업이 위험하고 성공 가능성이 낮다고 생각했지만, 이병철 회장은 반도체가 전자산업의 미래를 결정할 것이라고 확신했다. 그는 당시 삼성 내부의 반대에도 불구하고 반도체 사업에 거대한 투자를 결정했고, 1983년, 삼성은 64K DRAM을 성공적으로 개발하며 세계 시장에 진출했다.

이병철 회장의 선구적인 판단은 삼성을 세계 최대 반도체 제조업체로 성장시키는 기반이 되었다. 반도체 시장에 진입한 지 몇 년 만에 삼성은 일본, 미국의 기업들과 어깨를 나란히 하며 세계 반도체 시장을 주도하게 되었다.

이병철 회장이 스티브 잡스를 만난 일화를 아는가? 수많은 사람에게 찬사를 받은 스마트폰의 창시자 스티브 잡스는 애플을 세계 최고의 기업으로 만들어 놓은 전설적인 인물이다. 그런 잡스가 도움을 청한 최초의 한국인이 바로 삼성 이병철 회장이다.

그는 1983년 11월 서울 중부 태평로 삼성 사무실을 찾았다. 그가 이병철 회장을 찾은 이유는 애플 태블릿 PC 생산에 들어갈 반도체 공급을 받기 위해서였다고 한다. 당시 삼성은 미국에서 볼품 없는 작은 가전회사로 인식되고 있었는데, 잡스는 훗날 반도체에서 큰 역할을 할 거라고 생각했다고 전해진다. 그 후 삼성은 그해 11월 640 DRAM 개발을 시작으로 최고의 기술로 반도체 산업에 엄청난 성과를 달성해 나가기 시작한다. 이 둘의 만남을 계기로 애플은 삼성에게 주요 부품을 공급받게 되었고 지금까지도 이어오고 있다. 즉 아이폰이 팔리면 삼성의 매출도 올라가는 것이다.

이병철 회장이 1987년 타계한 뒤, 그의 아들 이건희가 삼성을 이어받아 본격적인 혁신을 시작했다.

그는 1993년 독일에서 열린 회의에서 "마누라와 자식 빼고 다 바꿔라"는 강력한 개혁 선언을 하며 품질과 경쟁력을 대폭 강화했다. 이로 인해 삼성은 TV, 스마트폰, 반도체 등 다양한 분야에서 세계적 선도 기업으로 자리매김할 수 있었다.

이병철 회장의 신념은 그의 손자 이재용 부회장에게까지 이어졌다. 이재용 회장은 반도체, AI, 5G, 바이오 산업 등 다양한 미래 산업에서 삼성을 글로벌 1위로 만들기 위해 초격차 전략을 적극 추진하고 있다. 현재 삼성전자는 전 세계 상장 기업 중 시가총액 기준 21위를 기록하고 있으며, 글로벌 기술 산업에서 중요한 역할을 하고 있다. 이병철 회장은 세상을 떠났지만, 그의 경영 철학은 아들 이건희 회장과 손자 이재용 부회장에 의해 이어져, 삼성은 오늘날까지 글로벌 혁신을 이끄는 기업으로 자리하고 있다.

구인회, LG그룹 창업자
"정도를 걸어라. 바른 길을 가면 결국 승리한다."

구인회 회장은 LG그룹을 창립하며 한국의 가전산업과 전자산업의 발전을 이끈 선구자였다. 그의 경영 철학은 윤리와 정도 경영으로, 기업이 사회에 기여하고 사람을 존중해야 한다는 신념을 바탕으로 LG그룹을 성장시켰다.

1947년, 구인회 회장은 부산에서 치약과 화장품을 생산하는 락희화학을 설립하며 사업을 시작했다. 그때 만든 제품이 동동구루모(영양크림)였다. 그리고 빗과 럭키치약, 비누등 생활용품을 최초로 만들었다. 또

한 처음에는 동동구리무를 유리 용기에 담았는데 깨지는 경우가 많아서 프라스틱 용기까지 개발하게 되었다. 전쟁 이후 물자 부족이 심각했던 시기에 생활용품을 안정적으로 공급하며 큰 성공을 거두었고, 이는 LG그룹의 시작이 되었다.

1958년 구 회장은 금성사(현 LG전자)를 설립하며 전자산업에 본격적으로 진출했다. 당시 한국 최초의 국산 라디오와 국산 흑백TV를 개발하며 시장에 출시하였고, 이는 한국 전자산업의 첫걸음이 되었다. 아이러니한 것은 최초의 칼라 TV는 삼성이 만들면서 본격적인 경쟁 파트너가 되었고 더욱 세계적인 제품으로 발전하였다. 이후 냉장고, TV, 에어컨 등 다양한 가전제품을 생산하며 LG는 국내 가전시장에서 두각을 나타냈다.

구인회 회장의 아들 구자경과 삼성 창업자 이병철의 딸이 결혼하면서 두 기업은 가족으로 연결되었지만, 그럼에도 불구하고 가전 및 전자 시장에서는 치열한 경쟁을 벌였다. 특히 흑백 TV와 냉장고 등에서 LG와 삼성은 선의의 경쟁을 통해 기술력과 품질을 높이며 한국 전자산업의 성장을 견인했다.

구인회 회장은 기업이 윤리적으로 경영해야 한다는 신념으로 "정도를 걸어라. 바른 길을 가면 결국 승리한다"라는 철학을 세우고 이를 실천했다. 그는 정직한 경영이 결국 성공으로 이어진다는 믿음을 바탕으로 LG를 운영했으며, 이 철학은 LG의 핵심 경영 방침이 되었다.

구인회 회장이 세상을 떠난 후 그의 아들 구자경이 LG를 이어받아 그룹을 더욱 발전시켰다. 구자경 회장은 기업이 단순히 이윤을 추구하는 것이 아니라 인간 존중과 고객 중심의 경영이 중요하다고 보았으며, 이를 기반으로 LG를 다양한 산업으로 확장했다. 1984년 내가 럭키금성 그룹에 입사 했을 때 연수원에서 고객을 위한 가치창조와 인간존중의 경영에 대해 교육 받은 것이 40년이 지난 지금까지 생각난다.

나는 지금도 사업을 하고 있다. 아들들에게 사업을 일임하며 인간존중의 경영과 고객을 위한 가치창조를 늘 강조하고 있다. 나는 내가 배운 진리를 실천하게 해준 LG를 좋은 기업이라고 생각하며 지금도 사랑한다.

구자경 회장의 리더십 아래 LG는 화학과 전자, 통신 등 다양한 분야에서 강력한 입지를 다지며 국내외 시장에서 성공을 거두었다. 이제는 구인회 회장의 손자인 구광모 회장이 이끌고 있다. 그는 지속 가능성을 중심으로 미래 성장 동력을 개발하는 데 집중하고 있으며, LG는 전기차 배터리, 친환경 에너지, AI 등 미래 산업에 대한 투자와 연구를 확대하며 글로벌 시장에서 경쟁력을 강화하고 있다. 구광모 회장은 할아버지의 정도 경영 철학과 아버지의 인간 존중과 고객을 위한 가치창조라는 철학을 바탕으로 LG그룹을 지속 가능한 미래로 이끌고 있다. 구인회 회장은 세상을 떠났지만, 그의 윤리적 경영 철학은 아들 구자경과 손자 구광모 회장에 의해 이어지고 있다. 현재 LG의 성장은 한국 경제와 산업 발전에 큰 기여를 하고 있다.

김우중, 대우그룹 창립자
"세계는 넓고 할 일은 많다."

김우중 회장은 대우그룹을 세계적으로 확장하며 한국을 대표하는 글로벌 기업으로 키워낸 인물이다. 그의 삶은 도전과 확장, 그리고 말년까지 이어진 청년 인재 양성과 해외에서의 활동으로 이어졌다.

1936년 대구에서 태어난 김우중은 가난한 환경에서 성장했지만 독립

심과 학구열이 남달랐다. 그는 연세대학교 경제학과를 졸업한 후 기업가의 길을 걷기 시작했으며, 일찍부터 해외 시장을 바라보며 세계경영에 대한 꿈을 키웠다.

1967년 김 회장은 대우실업을 설립하고 섬유 수출을 시작으로 사업을 확장해 나갔다. 그의 대표 어록 세계는 넓고 할 일은 많다는 대우의 비전을 반영한 말로, 이를 통해 대우는 섬유, 전자, 자동차, 조선 등 다양한 산업으로 빠르게 성장했다. 대우그룹은 1990년대에 이르러 100개국 이상의 시장에서 활동하며 한국의 수출산업을 대표하는 기업으로 자리매김했다. 김 회장은 특히 아프리카와 중동 등 당시 한국 기업들이 쉽게 나서지 못했던 험지로 불리던 지역에도 진출하며 현지 시장을 개척했다. 그는 대우 직원들과 함께 현장에서 직접 업무를 지도하며 대우의 글로벌 성장을 이끌었고, 대우는 전 세계에서 한국을 대표하는 기업으로 성장했다.

자동차 산업에도 열정을 가졌던 김우중은 대우자동차를 설립하여 중동과 유럽 등 여러 해외 시장에 진출했다. 1990년대에는 대우 브랜드의 자동차가 전 세계로 수출되며 글로벌 인지도를 쌓았고, 김 회장의 꿈인 세계경영을 실현해 나갔다.

그러나 1997년 외환 위기의 여파로 대우그룹은 자금난을 겪으며 1999년에 해체되었다. 김 회장은 그룹을 살리기 위해 노력했으나 많은 부채를 감당하지 못해 경영권을 포기하게 되었다. 이후 그는 외국에서 머물며 다시 한국 경제에 기여할 방안을 모색했다.

대우그룹 해체 후 김우중은 베트남을 제2의 고향처럼 여기며 주로 베트남에서 머물렀다. 그는 베트남 하노이에 거주하면서 청년 인재 양성에 집중하며, 글로벌 청년사업가 양성 프로그램(GYBM)을 통해 한국 청년들이 해외에서 경험을 쌓고 성장할 수 있도록 지원했다. GYBM 프로그램은 베트남을 비롯한 아세안 국가에서 1,000명 이상의 글로벌 인재를 배출했으며, 이 프로그램은 김 회장의 후배 육성에 대한 애정을 보여주는 중요한 사업이었다.

건강 악화로 말년에 한국으로 돌아온 김 회장은 병원비마저 가족이 부담해야 할 만큼 검소한 생활을 이어갔다. 생전에 포기하지 않았던 청렴함과 후배 양성에 대한 열정은 그가 세상을 떠난 후에도 많은 이들에게 귀감이 되고 있다. 김우중 회장은 비록 세상을 떠났지만, 그의 도전과 확장 정신은 여전히 한국 경제와 해외 진출을 꿈꾸는 이들에게 큰 영감을 주고 있다. 그의 유산인 대우그룹은 현재 포스코인터내셔널(구 대우인터내셔널)을 비롯해 여러 대기업에 흡수되었고 그의 철학과 글로벌 비전은 앞으로도 많은 이들에게 영향을 미칠 것이다.

박태준, 포스코 창립자
"제철소가 실패하면 영일만에 빠져 죽겠다."

박태준 회장은 한국 철강 산업의 선구자로, 포스코를 세계적인 철강 기업으로 성장시키며 헌신적인 리더십과 청렴함으로 존경받는 인물이다.

1927년 경상북도 포항에서 태어난 박태준은 가난한 가정에서 자랐다. 어린 시절부터 학업에 매진하며 일본으로 유학을 떠나 공학을 공부하게 되었다. 기술과 산업에 대한 열정을 키워 나간 그는 이후 한국으로 돌아와 1947년 육군사관학교에 입교하여 학업을 이어갔고, 여기서 박정희 교관과 인연을 쌓게 되었다. 박정희와의 이 인연은 이후 그의 인생에서 중요한 역할을 하게 된다.

1960년대, 박정희 대통령은 국가 산업화를 위해 철강 산업이 필요하다고 판단하여 군 시절 신뢰했던 박태준에게 제철소 설립을 맡겼다.

그것은 정주영 회장이 자동차를 만들려면 철이 필요하다고 이야기 하였고 박대통령도 자동차, 조선, 건설을 위해 철이 반드시 나라에 필요하다고 생각했기 때문이다. 당시 한국은 철강 기술과 자본이 부족했지만, 박 회장은 일본 철강 회사와 협상하여 차관과 기술 지원을 유치하는 데 성공했다. 이 과정에서 그는 제철소가 실패하면 영일만에 빠져 죽겠다는 각오로 직접 발로 뛰며 자금을 유치했고, 1968년 마침내 포항 영일만에 제철소 착공을 시작했다. 그것이 국내 최초의 국영기업인 포항제철소이다. 포항제철소 건설은 자금 부족과 기술적 난관 등 많은 어려움이 있었지만, 박 회장은 하루에 세 시간만 자며 공사 현장을 관리하며 직원들과 함께 난관을 극복했다.

1973년 첫 번째 용광로가 가동되면서 한국은 자국에서 철강을 생산할 수 있게 되었고, 이는 한국 산업화의 중요한 기틀이 되었다. 용광로에서 첫 시뻘건 쇳물이 나왔을 때 박태준 회장은 전 직원과 부둥켜 안고 한참을 울었다고 한다. 그의 헌신은 직원들에게 귀감이 되었고, 포스코는 건설, 조선, 자동차 산업 등에 필수적인 철강을 안정적으로 공급하게 되었다. 이후 포스코는 빠르게 성장하여 1980년대 세계 시장으로 진출, 철강의 품질과 경쟁력을 인정받아 세계 3대 철강 기업으로 자리매김했다.

현재 포스코는 철강뿐 아니라 친환경 에너지, 수소 사업, 이차전지 소재 등 다양한 미래 산업으로 영역을 확장하며 지속 가능한 성장을 추구하고 있다. 이는 박 회장의 경영 철학인 정직함과 헌신적 리더십을 바탕으로 한 것으로, 포스코의 발전에 중요한 초석이 되고 있다.

1990년대에 박태준은 국회의원으로 당선되고 2000년에는 국무총리로 임명되었다. 또한 박태준 회장은 철강왕으로서 많은 부와 권력을 가질 수 있었음에도 불구하고, 청렴한 삶을 유지했다. 그는 포스코 주식 한 주도 가지지 않았으며, 사후에도 남긴 재산이 거의 없을 정도로 검소하게 살았다. 그는 본인 이름으로 된 집 한채도 없었다. 특히 말년에 병원에 입원했을 때 병원비조차 부담하지 못할 정도로 검소하게 살아 자녀들이 병원비를 부담했다. 그의 청렴함은 오늘날까지도 많은 사람들에게 존경받고 있다. 박태준 회장은 세상을 떠났지만, 그가 세운 포스코는 한국 경제의 중요한 축을 이루고 있다. 그의 청렴과 헌신적 리더십은 현재에도 포스코의 핵심 가치로 남아 있으며, 그의 경영 철학과 업적은 한국 철강 산업을 넘어서 대한민국 경제 발전의 귀중한 자산으로 자리 잡고 있다.

내가 직접 겪은 다섯 거인, 정주영, 이병철, 구인회, 김우중, 그리고 박태준. 이분들은 어려운 시절에도 굴하지 않고, 각자의 자리에서 한국 경제의 기적을 만들어낸 분들이다. 그들이 개척해 놓은 길 위에서 오늘날 한국은 세계 무대에서 당당히 서 있다. 그들의 성취는 단지 과거의 영광으로 남지 않는다. 후대에 이어진 그들의 경영 철학과 헌신은 오늘날에도 살아 숨 쉬며 우리의 삶에 지대한 영향을 미친다. 우리는 이분들을 존경하는 마음으로 다시 한번 기려야 한다. 그들이 보여준 도전과 개척의 정신은 지금 이 시대에도 우리에게 큰 영감을 주며, 우리 또한 앞으로의 길을 개척할 힘을 준다. 만약 이분들이 없었다면 대한민국은 지금 굶주림에 허덕이며 살고 있을 것이다. 이분들의 업적과 정신은 시대를 초월하여 깊은 울림을 준다고 생각한다. 그들의 희생과 노력이 있었기에 오늘날 우리가 누리는 번영이 가능했고, 그들의 정신은 앞으로도 대한민국이 나아갈 길을 밝히는 등대가 될 것이다.

나는 단호하게 이야기할 수 있다. 이들의 위대한 발자취는 단순히 역사책의 한 페이지가 아니라, 우리 가슴속에 영원히 살아 숨 쉬는 불멸의 업적으로 기억되어야 한다.

K문화, 세계를 선도하다

어린 시절, 처음으로 맛본 삼양라면의 감동은 아직도 잊을 수 없다. 뜨거운 김이 모락모락 피어오르는 그 매콤한 국물 한 입이 입안을 꽉 채우며, 당시 어린 저에게는 한 번도 느껴보지 못한 새로운 맛의 충격이었다. 그때만 해도 라면은 그야말로 대한민국 사람들에게 혁명 같은 존재였다. 한밤중에도 가볍게 끓여 먹을 수 있고, 학교에서 친구들과 함께 나눠 먹던 그 라면 한 그릇은 단순한 배고픔을 넘어선 특별한 즐거움이었다.

특히, 군 시절 난로 옆에서 소주와 라면 한 그릇의 추억은 지금도 군침을 돌게 한다. 50년이 넘게 라면을 먹었지만, 단 한 번도 질린 적이 없는 것을 보면, 라면이야말로 정말 훌륭한 K-푸드의 원형이 아니었나 싶다.

그런데 우리가 이렇게 즐겨 먹던 라면, 그리고 한국이라는 작은 나라의 문화가 어떻게 세계인의 식탁과 마음을 사로잡고, 이제는 전 세계 산업의 판도까지 바꾸는 거인이 되었을까? 내 기억 속에서 대한민국이 세계무대에 본격적으로 등장한 순간은 바로 1988년 서울 올림픽이었다. 당시만 해도 세계인들은 한국에 대해 잘 알지 못했지만, 올림픽을 통해 우리는 코리아라는 이름 세 글자를 분명히 각인시켰다. 대한민국이 종합 4위를 기록했기 때문이다. 금메달 12개, 은메달 10개, 동메달 11개를 획득하여 전 세계를 깜짝 놀라게 했다.

'1위는 소련, 2위, 동독, 3위 미국, 4위 대한민국'

한국이 세계 스포츠 4대 강국이 된 것이다. 이것은 거의 기적에 가까웠다. 강한 의지와 뜨거운 열정으로 가득 찬 나라임을 세계에 알린 그 순간부터, 알게 모르게 우리 문화와 기술의 씨앗이 뿌려지기 시작했다. 그리고 몇십 년이 흐른 지금, 우리는 K-OO라는 이름으로 전 세계인의 마음을 사로잡고, 산업의 지평을 넓히는 놀라운 기적을 써 내려가고 있다.

2000년대 초반, 아시아를 매료시키다: K-드라마의 시작

나는 어릴 때부터 K-드라마와 함께 성장했다. 이른바 한류라는 단어가 생겨나기 시작했던 2000년대 초반, 겨울연가 같은 드라마가 아시아 전역을 휩쓸며 배용준, 최지우 같은 배우들이 아시아 스타로 등극하는 모습을 보았다. 일본의 중년 여성들이 욘사마를 외치며 한국을 방문하고, 대만 거리에서 한국 드라마 OST가 흘러나올 때마다 가슴 한편에 뿌듯함이 차올랐다. 이는 K-문화가 본격적으로 아시아 시장을 넘어 세계로 나아갈 수 있는 단단한 기반을 마련해 준 시기였다.

2000년대 후반, K-뷰티의 약진

2000년대 후반부터 한국의 스킨케어 제품들은 혁신적인 성분과 놀라운 효능으로 입소문을 타기 시작했다. 친구들과 백화점에 가서 "이 에센스 진짜 좋다더라!" 하고 속닥이던 것이 이제는 전 세계 여성들의 필수품이 되었고, 그 품질과 신뢰는 이미 세계적인 기준이 되었다. 이제 전 세계 뷰티 시장을 이끄는 K-뷰티의 영향력은 그 어느 때보다도 강력하다. 지금 한국에 여행 오는 외국인들은 특정 화장품을 거의 싹쓸이해 간다고 한다. 지금까지도 한국의 k화장품은 전 세계인이 선호하고 있다.

2012년, K-POP의 폭발

정말이지, 2012년 싸이(PSY)의 강남스타일이 유튜브에서 10억 뷰를 넘기며 전 세계를 휩쓸 때의 그 환희와 자부심은 잊을 수 없다. 뉴욕 타임스퀘어 전광판에 싸이가 등장하고, 외국인 친구들이 어색한 한국어 발음으로 "오빠 강남스타일"을 따라 부를 때마다 나도 모르게 어깨가 들썩였다. 싸이의 독특한 리듬과 유머 넘치는 말춤은 언어의 장벽을 넘어선 폭발적인 반응을 얻었고, 한국을 유쾌하고 흥미로운 나라로 알리는 상징이 되었다.

그리고 곧이어 방탄소년단(BTS)이 등장했다. 그들은 단순한 아이돌 그룹을 넘어, Love Yourself와 같은 진정성 있는 메시지로 전 세계 청춘들에게 꿈과 희망을 불어넣었다. 그들의 음악은 K-팝의 경계를 넘어 전 세계적인 사회 현상이 되었고, 빌보드 차트를 석권하며 한류의 새로운 역사를 써 내려가고 있다. 지금은 멤버 모두가 병역을 마치고 다시 한번 도약을 꿈꾸고 있다.

2016년, K-문학의 빛

K-문학의 성과 또한 우리에게 깊은 감동을 안겨준다. 2016년, 한강 작가의 소설 채식주의자가 맨 부커 국제상을 수상하며 세계적인 주목을

받으며 한국 문학이 가진 깊이와 섬세함을 전 세계에 알렸다. 그리고 최근에는 한강 작가가 노벨 문학상을 수상하며 그 업적을 더욱 빛냈다는 소식은 나를 비롯한 많은 이들에게 벅찬 감동을 주었다. 한국 문학이 이제 세계 문학의 중심에 당당히 서 있다는 생각에 가슴이 뭉클해진다.

2021년, K-드라마의 전성기

K-드라마는 다시 한번 2021년, 오징어 게임으로 글로벌 무대에서 폭발적인 인기를 끌며 한국 드라마의 위상을 새롭게 세웠다. 내가 어릴 적에 골목에서 친구들과 놀던 무궁화 꽃이 피었습니다. 그리고 앉아서 달고나 뽑기를 하였고, 구슬치기와 사방치기 등등 놀던 게임을 드라마로 만든 것이다. 세계 수많은 사람들이 다음 에피소드를 보기 위해 밤을 새우고, 드라마 속 복장과 게임을 따라 하며 오징어 게임 신드롬을 만들어냈다. 한국 사회의 현실과 인간 본연의 메시지를 담은 이 드라마는 단순한 오락물이 아니라, 사람들로 하여금 자신을 돌아보게 하는 깊은 힘을 가졌다. 사랑의 불시착 같은 로맨틱 드라마는 전 세계 시청자들에게 한국 특유의 따뜻함과 감동을 전하며 문화적 공감대를 형성했다.

최근, 매운맛으로 세계를 사로잡다: K-푸드의 확장

어릴 적 내 식탁에 늘 오르던 김치가 이제는 세계인이 즐기는 건강식으로 자리 잡았다는 사실이 참으로 놀랍다. 김치는 일본에서는 '기무치'라고 하고 중국에서는 '파오차이'라고 불리면서 서로 자기들이 먼저 만들었다고 아직도 싸우고 있지만 2001년 국제식품규격위원회에서 국제표준으로 한국의 김치가 인정 받았다. 김치는 2006년 미국 헬스지에서 세계 5대 건강식품으로 선정되면서 건강식 이미지가 확고해졌다. 이후 K-콘텐츠의 확산과 함께 더욱 대중적인 인기를 얻으며 현재는 많은 국가에서 김치의 날을 지정할 정도로 위상이 높아졌다.

최근에는 불닭볶음면이나 떡볶이처럼 강렬한 매운맛을 강조한 K-푸드가 외국인들 사이에서 폭발적인 인기를 끌고 있다. 유튜브에는 외국인들이 한국의 매운 음식을 먹고 경악하거나 환호하는 영상들이 넘쳐난다. 한국만의 강렬한 매운맛이 이제 전 세계 미식가들의 입맛을 사로잡고 있다는 사실에 저 역시 벅찬 자부심을 느낀다. 특히 2020년 팬데믹 기간 동안 간편식 수요가 급증하면서 신라면은 해외 인기가 크게 상승했다. 신라면의 판매량이 어마어마하게 많아서, 그 양을 일렬로 늘어놓으면 지구 둘레를 한 바퀴 돌고도 남을 정도라고 한다. 최근에는 전세계 100개국에 판매되는 양이 1초에 약 53개씩 팔린다고 하니 실로 대단하다. 2021년에는 해외 매출이 국내 매출을 넘어설 정도로 글로벌 대표 라면으로 자리매김했다.

또한, '김밥'은 오랫동안 한국인의 소풍 음식으로 사랑받았지만, 해외에서 본격적으로 인기를 얻기 시작한 것은 비교적 최근이다. 특히 2023년 이후 미국을 시작으로 냉동 김밥이 큰 인기를 끌면서 전 세계적인 주목을 받기 시작했다. 냉동 김밥 열풍의 시작은 바로 2023년 8월, 미국의 유명 유기농 마트인 트레이더 조 에서였다. 이곳에 한국 중소기업이 만든 냉동 김밥이 처음 입점했는데, 한 한인 틱톡커 모녀가 이 김밥을 먹는 영상이 폭발적인 인기를 끌면서 순식간에 품절 사태가 벌어졌다. '이 맛있는 걸 여태 한국인만 먹었다니!' 같은 반응과 함께 미국 전역의 트레이더 조 매장에서는 김밥을 구하기 위한 긴 줄이 늘어서는 진풍경이 연출되었다. 심지어 1인당 구매 개수를 제한할 정도였다.

냉동 김밥이 이렇게 성공할 수 있었던 데에는 여러 이유가 있다. 미국으로 수출된 냉동 김밥은 대부분 육류 대신 두부, 우엉, 채소 등이 풍부하게 들어간 또는 채식 친화적인 구성이었고, 건강하고 가벼운 한 끼를 찾는 미국 소비자들의 니즈에 완벽하게 들어맞은 거다. 특히 냉동실에 뒀다가 먹고 싶을 때 전자레인지에 데우기만 하면 되니, 시간 없는 학생이나 직장인들에게 최고의 간편식이 되었다. K-팝과 K-드라마로 한국 문화에 익숙해진 외국인들에게 김밥은 친숙하면서도 새로운 K-푸드의 대표주자가 된 것이다.

K-스포츠: 투지와 끈기로 이룬 영광

K-스포츠의 발전은 우리 국민들에게 끊임없는 자부심을 안겨주었다. 한국은 올림픽에서 사격, 양궁, 펜싱 등 특정 종목에서 유독 뛰어난 성과를 거두며 '총, 칼, 활의 나라'라는 별칭을 얻었다. 이 분야에서 거둔 수많은 금메달은 한국이 스포츠 강국으로 자리매김하는 데 결정적인 역할을 했다. 스포츠에서 보여준 우리의 도전과 끈기는 전 세계에 하면 된다는 한국인의 불굴의 정신을 각인시켰다.

K-테크: 기술력으로 세계를 선도하다

K-테크 또한 빼놓을 수 없는 자랑거리이다. 삼성과 LG가 주도하는 TV, 냉장고, 반도체, 휴대폰 등 한국의 첨단 기술력은 이제 세계 최고 수준에 도달했다. 한때는 미국, 일본, 독일 제품이 세계 시장을 주도했지만, 이제는 메이드 인 코리아(Made in Korea)가 세계적인 품질과 혁신의 상

징이 되었다. 스마트폰을 들고, 최신 가전제품을 사용하는 일상 속에서 한국 기술력으로 세계를 선도하고 있다는 사실을 느낄 때마다, 나의 가슴은 뜨거워진다.

K-방산: 세계 안보를 책임지는 리더

최근 들어 더욱 눈부시게 부각되는 분야는 바로 K-방산이다. 불과 몇 년 전만 해도 상상하기 어려웠던 일이 벌어지고 있다. 대한민국의 전차, 자주포, 항공기, 미사일 기술은 이제 세계 최고 수준으로 인정받으며, 폴란드를 비롯한 여러 나라에 수출되어 그들의 안보를 책임지는 핵심 전력이 되고 있다. 과거에는 국방 기술을 배우기 급급했던 우리가 이제는 세계 주요국들에게 K-방산이라는 이름으로 신뢰와 협력의 손길을 내밀고 있다는 사실이 감격스럽다. 대한민국의 기술력과 품질, 그리고 납기 준수 능력은 세계 방산 시장의 판도를 바꾸고 있다.

K-조선: 다시 세계 1위를 탈환하다

한때 중국에 1위 자리를 내주었던 K-조선은 다시 한번 세계 최고임을 증명했다. LNG선, 고부가가치 선박 분야에서 압도적인 기술력을 바탕으로 전 세계 발주 물량의 상당 부분을 한국 조선소들이 수주하고 있다. 극한의 기술력이 요구되는 분야에서 대한민국이라는 이름이 곧 세계 최고를 의미하게 된 것이다. 파도를 가르며 세계를 누비는 수많은 선박들이 '메이드 인 코리아'라는 표식을 달고 있다는 사실은 우리 기술력의 위대함을 여실히 보여준다.

K-원전은 이제 안전성과 경제성을 모두 갖춘 세계 최고의 기술로 평

가받고 있다. 아랍에미리트 바라카 원전의 성공적인 건설과 운영은 한국형 원전의 우수성을 전 세계에 알리는 계기가 되었다. 까다로운 기준과 최첨단 기술이 집약된 원전 분야에서 우리가 세계 최고 수준의 경쟁력을 갖추고 있다는 것은 대한민국의 기술 역량이 얼마나 놀랍게 성장했는지를 보여주는 단적인 예이다. 특히 체코 신규 원전 건설 사업의 수주 금액은 대략 24조 원 규모로 추산되고 있다. 이 사업은 체코 두코바니 지역에 원전 2기를 건설하는 프로젝트로, 한국수력원자력(한수원)이 주축이 된 팀 코리아가 2025년 5월 7일에 체코 정부와 계약이 체결되었다는 소식이 전해졌다. 이는 단순히 에너지를 넘어, 대한민국의 안정적인 기술력과 신뢰를 상징한다.

이제 대한민국은 더 이상 작은 나라가 아니다.

세계는 한국을 주목하고 있고, 한국이 만들어가는 미래를 기대하고 있다. 문화에서 시작된 K라는 브랜드는 이제 경제, 과학, 사회, 기술, 의료, 복지, 그리고 안보까지 모든 분야에서 세계를 선도하는 힘이 되었다.

우리는 여기서 멈추지 않을 것이다.

더 높은 곳을 향해, 더 큰 꿈을 향해 나아갈 것이다. K-문화와 K-산업은 우리의 자부심이며, 세계 속에서 더 큰 빛을 발할 것이다. 대한민국이 만들어갈 미래는 더욱 찬란하고 위대할 것이다. 그리고 그 중심에는, 바로 우리의 끊임없는 노력과 열정, 그리고 끝없는 도전 정신이 있다. K-모든 것은 끝이 아니라, 새로운 시작이다!

월드컵 4강 신화

"꿈은 이루어진다!"

2002년, 대한민국은 이 단순한 문구가 진실이 되는 순간을 경험했다. 만약 내게 인생에서 가장 벅찼던 순간을 말하라 한다면, 망설임 없이 2002년 월드컵 4강 신화를 떠올린다. 그때의 감동은 그 어떤 순간과도 비교할 수 없는 것이었기 때문이다.

당시 한국은 단순한 축구 경기를 넘어 하나의 기적을 만들어냈고, 우리는 그 중심에 서 있었다. 경기마다 울려 퍼지던 "대한민국! 짝짝짝 짝짝!" 구호는 한국 축구 팬들을 하나로 묶었고, 붉은 악마의 상징인 빨간 티셔츠는 전 국민의 국민복이 되어 어린아이부터 노년에 이르기까지 모든 사람들이 붉은 물결을 이루며 한마음으로 외쳤다. 거리마다, 광장마다, 카페와 회사마다 넘쳐나는 사람들은 축구의 흥분을 넘어 하나의 큰 가족처럼 서로를 격려하고 기쁨을 나누었다. 대한민국의 심장은 월드컵이 열리는 그 순간, 축구공과 함께 뛰었다. 잊을 수 없는 그날의 함성과 열기. 우리나라가 한 번도 해내지 못했던 16강, 그리고 8강을 넘어 세계 축구 강호들을 하나씩 물리치며, 마침내 4강이라는 신화를 이룬 날들. 사람들은 그때를 미라클이라 부른다.

그러나 그 기적은 단순한 우연이 아니었다. 그것은 우리가 오랫동안 염원하고 준비해온, 땀과 열정의 결실이었다. 그 당시의 대한민국은 매 경기마다 기적을 쓴다는 마음으로 모든 경기에 임했다. 회사에서는 업무를 멈추고 직원들이 함께 TV 앞에 모여 응원하고, 학교에서는 학생들이 수업 대신 경기 결과를 기다렸다. 모두가 그날의 승리를 위해 손에 땀을 쥐고 기도했다. '우리가 할 수 있을까?'라는 의문은 '우리는 해냈다!'라는 확신으로 바뀌었고, 승리가 확정되는 순간, 광장과 거리, 집 안 어디서든 환호성이 터져 나왔다. 경기장에는 항상 "꿈은 이루어진다"라는 플래카드가 걸려 있었다. 히딩크 감독의 지휘 아래, 한국은 그 꿈을 현실로 만들었다. 수많은 장애물과 비난을 이겨내고, 언젠가 이룰 수 있을 것이라고만 믿어왔던 꿈이 실제가 되는 순간이었다. 히딩크는 한국 축구에 있어 단순한 외국인 감독이 아닌, 우리에게 진정한 꿈의 실현자였다.

우리는 그때를 통해 한 가지를 깨달았다.

'꿈은 믿는 자의 것이다.'

그리고 그 꿈을 믿고, 포기하지 않는다면, 반드시 이루어진다. 한국이 세계무대에서 보여준 기적은 우리가 얼마나 위대한 가능성을 지닌 민족인지를 증명했다. 히딩크와 그의 선수들이 보여준 것은 단순한 승리가 아니었다. 그것은 바로 자신을 믿는 힘, 함께 하면 어떤 것도 이룰 수 있다는 자신감이었다.

그때의 감동이 아직도 생생하게 남아 있다. 거리에서 서로를 끌어안고 기쁨의 눈물을 흘리던 모습, 만세를 부르며 태극기를 휘날리던 국민들. 나도 그 순간의 일원이었고, 그때 느꼈던 벅찬 감동은 지금도 가슴 깊이 남아 있다. 이제 23년이라는 세월이 흘렀지만, 그날의 뜨거웠던 열정과 기쁨은 잊히지 않는다. 우리는 앞으로도 그때를 기억하며, 어떤 어려움이 오더라도 꿈을 포기하지 않을 것이다. 왜냐하면, 우리는 그때 배웠기 때문이다.

"꿈은 이루어진다."

이제, 그날의 이야기로 다시 한번 시간여행을 떠나보겠다. 무엇이 우리를 그렇게 강하게 만들었는지, 어떤 리더십이 우리를 이끌었는지, 그리고 대한민국이 어떻게 전 세계를 놀라게 했는지, 20년 전의 벅찬 감동을 다시금 되새겨보며 우리의 축구 신화를 이야기해보고자 한다.

2002년 월드컵의 4강 신화는 결코 우연이 아니었다. 그것은 한 사람, 거스 히딩크 감독이 준비한 치밀한 전략과 철저한 훈련 덕분에 가능했던 일이다. 그가 부임한 후, 한국 대표팀은 곧바로 해외 원정 경기를 떠났다.

2001년 5월, 프랑스와의 경기에서 0 대 5로 크게 패했다. 그리고 2001년 8월, 체코와의 경기에서도 역시 0 대 5로 패하고 말았다. 심지어 2001년 2월에는 덴마크에 0 대 2로 패하는 등 초라한 성적표를 받아 들었다. 원정 경기에서 돌아오는 히딩크 감독의 사진 옆에는 주민등록증 하나가 올라왔다. 이름이 희한했다. 이름이 히딩크가 아니라 '오대영'이었다. 국내 언론 기자들의 온갖 조롱과 비난에도 히딩크 감독은 당당했다. 마치 당연한 결과라는 듯 말이다. 그는 이러한 연이은 패배에도 불구하고 강팀과의 대결을 통해 팀을 성장시킨다는 철학을 고수하며 선수들의 체력과 정신력을 끌어올렸다.

그러나 그 모든 것이 히딩크의 치밀한 계획의 일부였다. 히딩크는 경기력의 격차를 체감하게 하여 선수들 스스로 더 준비해야 함을 깨닫게 하려 했다. 그리고 이후, 같은 팀과의 재경기에서 대등한 경기를 펼치도록 준비함으로써 자신감과 실력을 한 단계 끌어올렸던 것이다. 단순한 패배가 아닌, 강팀과 맞붙어 깨진 후 다시 일어서는 힘을 길러주는 것이 그의 계획이었다. 히딩크가 4강 신화를 이룩한 것은 다음의 세 가지 치밀한 전략이 있었기 때문이라고 생각한다.

첫 번째 전략은 무한 체력 강화였다.

한국 선수들이 세계 강호들과 대적하기 위해서는 기술 이전에 지치지 않는 체력이 필요하다고 판단했다. 매일 강도 높은 체력 훈련으로 선수들의 지구력을 키웠다. 그는 말했다.

"우리가 후반에 더 강해질 때, 그들이 우리를 두려워하게 될 것이다."

두 번째 전략은 맞춤형 피드백이었다.

훈련이 끝나면 히딩크는 12대의 카메라로 촬영한 개인별 90분간 영상을 각 선수에게 보여주며 본인이 느끼게 했다. 그는 모든 선수의 개인별 플레이를 분석하고, 실수와 장점을 하나하나 짚어주며 맞춤형 피드백을 제공했다. 선수들은 자신의 플레이를 객관적으로 보며 스스로를 돌아보게 되었고, 그것이 곧 강력한 전사들로 변모하는 밑거름이 되었다.

세 번째 전략은 벽을 허문 팀워크이다.

히딩크의 리더십은 단순한 전략을 넘어서 팀워크와 인간적인 유대에 있었다. 그는 선수들에게 경기할 때 이름을 부르라고 했다. "선홍이 형 공주세요!"라고 하면 너무 길다는 것이었다. "선홍아 공!" 이렇게 외치라고 하였다.

그러나 한국 문화에서 이게 가능한 일일까? 그는 불가능한 일들을 가능하게 만들었다. 그들이 팀에서 한 사람으로서의 가치를 느낄 수 있게 했다. 또한, 훈련이 끝난 후 식사 자리에서는 일부러 선후배 간의 벽을 허물고 모든 선수가 섞여 앉도록 했다. 그는 말했다.

"우리는 하나의 가족이다. 이 안에서는 선배도, 후배도 없다."

훈련 중에는 날카로운 지휘를 하던 히딩크가 공놀이를 할 때는 아이처럼 즐겁게 웃으며 선수들과 함께 놀았다. 그 모습은 선수들에게 강한 유대감과 믿음을 심어주었다.

"히딩크 감독님은 우리의 감독이 아니라, 형님 같은 분입니다."

그렇게 선수들은 축구라는 꿈을 향해 하나가 된 팀이 되어갔다.

히딩크가 이끄는 전사들이 마침내 월드컵 첫 경기에 임했다. 상대로는 유럽의 강호, 폴란드였다. 경기 전, 모두가 긴장했다. 히딩크는 선수들에게 차분히 말했다.

"너희는 충분히 준비되었다. 두려워하지 마라. 지금 너희의 힘을 보여 줘라."

2002년 6월 4일, 부산 경기장에는 48,100명의 붉은 물결이 넘쳤다. 전반 초반부터 대한민국은 활기찬 움직임으로 폴란드 골문을 위협했다. 공격의 핵심이었던 황선홍은 폴란드 수비의 집중 마크를 받으면서도 끊임없이 기회를 엿보았다. 왼쪽 측면에서는 이영표가 날카로운 오버래핑으로 공격을 지원했고, 중앙 미드필더 유상철과 김남일은 쉴 새 없이 그라운드를 누비며 공수 전환의 핵심 역할을 했다.

전반 26분, 마침내 그토록 기다리던 순간이 찾아왔다. 이을용이 왼쪽 측면에서 올린 크로스를 황선홍이 머리에 붕대를 감고도 투지 넘치는 헤딩으로 연결하며 폴란드의 골망을 흔들었다! 붉은 악마의 함성은 하늘을 찔렀고, 경기장은 순식간에 거대한 용광로로 변했다. 황선홍은 골을 넣고도 고통스러운 표정으로 쓰러졌지만, 그의 투지는 모든 선수들에게, 그리고 국민들에게 '우리는 할 수 있다'는 강렬한 메시지를 전했다.

"우리는 할 수 있다! 우리는 해낼 수 있다!"

후반 5분, 추가골이 터졌다! 박지성의 절묘한 패스를 받은 유상철이 강력한 중거리 슛으로 폴란드의 골문을 다시 한번 갈랐다. 폴란드 선수들은 허탈한 표정을 감추지 못했고, 대한민국 벤치는 환호로 들썩였다. 송종국은 오른쪽 측면을 쉴 새 없이 오르내리며 폴란드 공격을 차단했고, 수비의 중심 홍명보는 노련한 리딩으로 수비 라인을 조율했다. 폴란드의 마지막 공세에도 골키퍼 이운재는 침착하게 골문을 지켰다.

결국 2:0 완승. 대한민국은 마침내 월드컵 첫 승의 기쁨을 만끽했다. 부산의 밤은 승리의 축제로 뜨거웠다. 조별 예선 마지막 경기, 세계 최강 포르투갈과의 대결이 펼쳐졌다. 모두가 긴장한 채 숨을 죽였지만, 히딩크는 이렇게 말했다.

"지금 너희는 두려울 것이 없다. 우리는 100일 동안 모든 것을 준비해 왔다. 자신을 믿어라."

2002년 6월 14일 인천 문학경기장. 49,958명의 관중이 붉은 함성으로 가득 채웠다. 전반 초반부터 한국은 포르투갈을 강하게 압박했다. 거스 히딩크 감독은 최정예 멤버를 내세워 필승을 다짐했다. 벤치에는 설기현, 최용수와 같은 공격 자원들이 대기하며 언제든 투입될 준비를 마쳤다.

전반 27분, 포르투갈의 주전 미드필더 주앙 핀투가 박지성에게 깊은 태클을 가해 퇴장당하며 경기 흐름은 대한민국 쪽으로 기울었다.

전반 36분에는 비에이라도 경고 누적으로 퇴장당하며 포르투갈은 9명으로 싸우게 되었다. 그러나 포르투갈은 여전히 위협적인 상대였다. 루이스 피구의 날카로운 돌파와 크로스는 한국 수비를 긴장하게 했다. 최진철은 온몸을 던져 포르투갈의 공격을 막아냈고, 김태영 역시 투혼을 발휘하며 수비에 가담했다.

팽팽한 0의 균형이 깨진 것은 후반 25분이었다. 이영표가 왼쪽 측면에서 올린 크로스가 포르투갈 수비를 맞고 굴절되자, 문전에 있던 박지성이 공중으로 뜬 공을 침착하게 가슴으로 트래핑한 후 왼발로 강력한 슛을 날렸다. 공은 포르투갈 골키퍼 바이아의 키를 넘어 골망을 시원하게 갈랐다!

"골! 골! 박지성!"

전국이 환호로 뒤덮였다.

"우리가 해냈어! 우리가 정말로 해냈어!"

박지성은 골을 넣은 후, 히딩크 감독에게 달려가 품에 안겼다. 두 사람의 뜨거운 포옹은 그동안의 고난과 노력을 상징하는 듯했다. 포르투갈은 남은 시간 파상 공세를 펼쳤지만, 이운재 골키퍼의 철벽 방어와 수비수들의 육탄 방어에 막혀 번번이 좌절했다. 결국 1:0 승리. 대한민국은 조 1위로 16강에 진출하는 역사적인 순간을 만들었다. 그날 밤, 대한민국은 잠들지 않았다. 거리마다 "대한민국!" 함성이 울려 퍼졌고, 붉은 물결은 새벽까지 식을 줄 몰랐다.

다음 8강 상대는 유럽의 강호, 이탈리아였다. 빗장 수비의 대명사 이탈리아를 상대로 히딩크는 어떤 전략을 들고 나올까? 2002년 6월 18일, 대전 월드컵경기장은 이탈리아를 꺾고자 하는 염원으로 가득 찼다. 경기는 시작부터 치열했다. 전반 4분, 이탈리아에게 페널티킥이 주어졌다. 가슴이 철렁 내려앉는 순간, 이탈리아의 간판 공격수 프란체스코 토티의 슛을 이운재 골키퍼가 몸을 던져 막아냈다! 경기장은 다시 살아났고, 붉은 악마의 응원 소리는 더욱 커졌다. 그러나 전반 18분, 이탈리아의 크리스티안 비에리에게 헤딩골을 허용하며 0 대 1로 끌려가기 시작했다. 경기 내내 이탈리아의 거대한 수비벽에 막혀 고전했지만, 히딩크는 선수들에게 끊임없이 외쳤다.

"우리는 아직 끝나지 않았다. 마지막까지 싸워라."

안정환은 공격의 활로를 찾기 위해 부단히 움직였고, 설기현은 교체 투입되어 측면 공격에 활기를 불어넣었다. 이탈리아의 파올로 말디니, 파비오 칸나바로 등 세계적인 수비수들은 한국 공격을 끈질기게 막아냈다. 시간은 흐르고, 패색이 짙어지는 듯했다. 그러나 후반 43분, 마침내 동점골이 터졌다. 설기현이 이탈리아 수비의 실수를 틈타 극적인 동점골을 터뜨린 것이다. 경기장은 다시 한번 폭발적인 함성으로 뒤덮였다.

연장전, 이탈리아의 토티가 두 번째 경고를 받으며 퇴장당했다. 수적 우위를 점한 대한민국은 파상 공세를 퍼부었다. 연장 후반 12분, 모두가 지쳐갈 무렵, 이영표가 왼쪽 측면에서 올린 크로스를 안정환이 몸을 날려 헤딩으로 연결했다. 공은 이탈리아 골키퍼 부폰의 손을 스치듯 지나 골망을 흔들었다! 골든골! 경기는 그대로 종료되었다. 안정환이 무릎을 꿇고 두 손을 번쩍 들던 그 순간, 히딩크는 주먹을 불끈 쥐고 허공을 갈랐다. 그 환희의 순간, 대한민국 국민들은 서로를 부둥켜안고 감격의 눈물을 흘렸다.

4강전에서 만난 상대는 스페인이었다. 2002년 6월 22일 광주 월드컵

경기장. 42,667명의 관중은 숨 쉬는 것조차 잊은 듯했다. 스페인은 압도적인 기술과 패스로 경기를 지배하려 했지만, 대한민국은 지치지 않는 체력과 조직력으로 맞섰다. 차두리는 오른쪽 측면에서 폭발적인 드리블을 선보였고, 최태욱과 같은 교체 선수들도 투입되어 팀에 활력을 불어넣었다. 연장전까지 득점 없이 0 대 0. 경기는 모두가 숨을 죽이는 승부차기로 이어졌다. 첫 번째 키커 황선홍이 침착하게 성공시켰다. 이어서 박지성, 설기현, 최진철까지 모두 골을 성공시키며 긴장감은 극에 달했다. 스페인의 네 번째 키커 호아킨의 슛을 이운재 골키퍼가 몸을 던져 막아냈다! 그리고 마지막 키커, 주장 홍명보가 공을 들고 페널티 스폿으로 걸어 나갔다. 온 국민의 시선이 그에게 집중되었다. 홍명보의 슛은 골망을 갈랐다!

"우리가 해냈어! 이건 기적이야!"

경기가 끝나자, 선수들은 그라운드에 쓰러져 서로를 얼싸안았다. 히딩크 감독은 선수들을 한 명 한 명 안아주며 격려했다. 광주 월드컵경기장에는 '꿈은 이루어진다'는 플래카드가 크게 휘날렸다.

경기 후, 히딩크는 이렇게 말했다.

"이제 우리는 더 나아갈 것이다. 아직 끝나지 않았다."

2002년, 우리는 그 어떤 누구도 예상하지 못한 기적을 이루어냈다. 그러나 이 기적의 중심에는 단순한 감독이 아닌 진정한 리더, 거스 히딩크가 있었다. 그는 철저한 전략과 준비로 선수들을 변화시켰고, 포기하지 않는 정신과 자신감을 심어주며 그들을 새로운 전사로 만들어냈다.

히딩크 감독은 말했다.

"나는 아직도 배가 고프다. 16강에 만족하지 않았고, 4강까지 도달하겠다는 큰 그림을 그리고 있었다."

그는 매일같이 "우리는 하루에 1%씩 성장하여 마침내 100%의 기량을 갖추게 될 것이다"라고 다짐하며 선수들을 이끌었다. 이러한 그의 확신과 리더십은, 5:0 대패로 조롱받던 팀을 전 세계를 놀라게 하는 전사들로 바꾸어 놓았다.

그러나 히딩크 혼자서 그 꿈을 이룬 것은 아니었다. 경기가 펼쳐질 때마다 거리와 광장에는 수십만 명의 붉은 악마들이 몰려들었고, "대한민국! 짝짝짝 짝짝!" 함성이 대한민국 전체를 뒤흔들었다. 우리는 모두 12번째 선수였다. 그라운드 위에서 뛰는 11명만이 아니라, TV 앞에서, 거리에서, 광화문에서, 부산에서, 그리고 심지어 외국에서까지 응원하던 모든 국민들이 하나의 팀이 되어 함께 싸웠다. 그날 우리는 단순한 축구 응원자가 아니라, 그라운드를 함께 뛰는 또 하나의 선수였던 것이다. 2002년의 감동은 단순한 과거의 기억으로 남지 않았다. 그 뜨거운 열정 속에서 우리는 함께 울고 웃었던 수많은 영웅들을 기억한다. 그중에는 아쉽게도 우리의 곁을 떠난 별도 있다. 그라운드 위에서 강철 같은 체력과 투지로 중원을 지켰던 유상철 선수. 그는 2002년의 기적을 온몸으로 뛰며 만들어냈고, 그의 열정은 우리 모두의 가슴속에 영원히 살아 숨 쉴 것이다. 우리는 그의 희생과 헌신을 영원히 잊지 않을 것이며, 진심으로 그의 명복을 빈다.

또한, 2002년의 정신은 또 다른 리더십으로 이어져 아시아 축구에 새로운 신화를 썼다. 당시 히딩크 감독의 곁에서 묵묵히 팀을 보좌했던 박항서 코치는 훗날 베트남 축구 국가대표팀을 이끌며 '베트남의 히딩크'로 불리게 되었다. 그는 히딩크 감독에게서 배운 강력한 훈련, 선수단과의 소통, 그리고 끈끈한 팀워크 강조라는 리더십 철학을 베트남에 전파했다. 수십 년간 변방에 머물던 베트남 축구를 동남아시아 최강으로 만들고, 아시안게임 4강, 아세안축구연맹(AFF) 챔피언십 우승 등 놀라운 성과를 거두었다. 이는 2002년 한국이 이뤄냈던 꿈은 이루어진다는 믿음이 국경을 넘어 전파된 감동적인 이야기이다. 히딩크 감독이 심었던 '할 수 있다'는 자신감이 박항서 감독을 통해 또 다른 땅에서 꽃을 피운 것이다.

"꿈은 이루어진다"는 그날의 함성 속에 어떤 의미가 담겨 있었을까? 히딩크 감독의 리더십과 선수들의 피나는 노력, 그리고 거리에서 함께 외치던 붉은 악마들까지, 그날 우리는 하나가 되어 한계를 넘는 힘을 보여주었다. 우리는 이길 수 있다는 가능성만 본 것이 아니라, 우리 스스로를 믿고 도전하면 무엇이든 이룰 수 있다는 자신감을 얻은 것이다.

그때의 뜨거운 열정을 가슴에 품고, 우리는 앞으로도 어떤 도전이 와도 포기하지 않을 것이다. 왜냐하면, 우리는 이미 우리가 증명했기 때문이다.

꿈은, 이루어진다는 것을.

66

새로운 기적을 향하여

99

어느 겨울 새벽, 3평 정도 되는 방에서 살던 우리 가족 여섯 식구가 연탄가스에 중독되었다.

그때 아버지가 갑자기 큰 소리로 외쳤다.

"여보, 일어나! 어서 일어나! 빨리 나가야 한다! 야, 정신 차려!"

희미하게 아버지가 형들의 뺨을 때리는 소리가 들렸다. 그리고 나는 정신을 잃었다. 아버지께서는 어머니와 네 형제를 차례로 바깥 찬바람 속으로 옮겼다.

내가 눈을 떴을 때는 찬 땅바닥에 누워 있었다. 공포와 추위가 느껴졌다. 덜덜 떨면서 옆을 보니 어머니와 형들도 앉아서 넋을 잃고 있었다. 아버지는 양재기에 무엇을 담아 와서 빨리 먹으라고 한다. 어머니부터 드셨다. 그다음으로 형들이 먹고 내 차례가 되었다. 그것은 김치국물이었다. 김치국물을 먹으니 정신이 돌아왔다. 그날 새벽, 우리는 일찍 일어난 아버지 덕분에 살아날 수 있었다. 아버지도 잠이 들었다면 우리 가족 모두는 하늘나라에 갔을 것이다.

그 당시 거의 모든 가정은 연탄불을 피웠다. 겨울만 되면 연탄가스 중독으로 사망했다는 기사가 거의 매일 보도되었다. 사망 기사가 매일 나는데도 연탄불을 안 피울 수가 없었다. 연탄불은 유일한 겨울에 난방 수단이었기 때문이다.

1960년대 대한민국은 먹을 것과 입을 것이 부족하여 참 가난한 시간을 보냈다. 큰형이 입던 옷은 둘째 형에게, 그리고 그 옷은 다시 내게 물려져 입혀졌다. 옷은 헤지고 낡았지만 나는 불평 한마디 하지 않았다. 아니, 오히려 따뜻한 형들의 손길이 느껴졌다. 어머니는 늘 구멍난 양말을 꼼꼼히 꿰매셨고, 우리는 그 양말을 신고 추운 겨울을 견뎌냈다.

쌀이 모자라 수제비를 끓여 먹는 날이 많았고, 학교에서는 옥수수빵이 간식으로 나왔다. 학생 수가 너무 많아 분단별로 나누어 주어 일주일에 한 번 정도 받을 수 있었다. 빵은 퍽퍽하고 속 재료도 없었지만, 빵을 나누어주는 날에는 집에 빵을 가져왔다. "엄마, 오늘은 빵 나눠줬어요!" 하고 어머니께 드렸다. 그러면 어머니는 "잘했구나, 우리 같이 먹자"며 작은 빵을 반으로 갈라주셨다.

그 시절 우리는 어른들께는 "식사하셨습니까?"라는 말이 인사였고, 어른들은 우리들에게 "밥은 먹었니?" 하며 인사하셨다. 먹을 것이 절대적으로 부족했기 때문에 밥 굶지 않고 먹는 것이 최고였기 때문이었다. 최근에 손자가 밥을 잘 안 먹길래 "옛날에는 밥이 없어서 못 먹었단다. 빨리 먹어!"라고 말했더니, 아이는 "밥이 없으면 라면 먹으면 되잖아요?"라고 하는데 웃음이 나왔다.

이렇듯 우리는 입을 옷도, 먹을 음식도, 쉴 곳도 제대로 해결하지 못하는 사람들이 대부분이었다. 그럼에도 불구하고 우리는 절망 속에서도 희망을 잃지 않았고, 결국 한강의 기적을 이루어냈다. 옥수수빵 한 조각을 나누며 굶주림을 견뎠던 이 나라가 이제는 세계가 주목하는 선진국으로 자리 잡았고, 원조를 받던 나라에서 원조를 주는 유일한 나라로 변모했다. 이 위대한 성취는 국가가 앞장서고, 국민이 하나 되어 이루어낸 우리의 자랑스러운 역사이다. 그 기적 속에서 지금 대한민국 국민은 풍요로운 생활을 하고 있다.

며칠 전, 나는 퇴근길 버스 창밖으로 빛나는 도시의 야경을 보며 깊은 생각에 잠겼다. 쉴 새 없이 움직이는 사람들, 늦은 시간에도 밝게 빛나는 상점들을 보며 문득 '이 모든 것이 어떻게 가능했을까?' 하는 질문을 던졌다. 굶주림과 전쟁의 폐허를 겪었던 이 땅에서, 이 평화롭고 역동적인 에너지는 단순한 경제 발전만으로는 설명되지 않았다.

그 순간 나는 깨달았다. 우리가 지금 한강의 기적을 만든 것처럼 우리는 또 다른 기적을 만들 수 있을 것이다. 한강의 기적이 경제의 기적이었다면, 이제 우리에게 다가오는 미래의 기적은 사람의 기적이 될 것 이다.

이 미래를 향한 도약의 핵심은 바로 우리가 이미 확보한 두 가지 강력한 무기, 즉 사회적 안전망과 최고 수준의 인적 자본이다. 여기에 단 하나, 진정한 리더십이라는 마지막 퍼즐이 맞춰진다면 대한민국은 그 누구도 넘볼 수 없는 초일류 국가로 비상할 것이다.

이 세 가지를 다시 정리해 보려 한다.

첫째, 대한민국은 전 세계가 경이로워하는 '신뢰와 안전'이라는 독보적인 경쟁력을 가졌다.

우리의 높은 안전 수준은 단순히 법과 경찰력만으로 만들어진 것이 아니다. 젓가락 문화로 대변되는 밥상머리 예절은, 둥근 밥상에 둘러앉아 음식을 나누며 타인을 배려하고 존중하는 태도를 어릴 때부터 내재화시키는 사회화 과정이었다. 이처럼 타인과의 공동체적 조화를 중시하는 문화가 사회 전체의 신뢰도를 지탱하는 거대한 뿌리가 되어왔다. 그로 인해 우리는 세계 최고의 안전 시스템을 만들었다. 이 안전은 단순한 치안 유지를 넘어, 우리의 일상 깊숙이 뿌리내린 강력한 자본이다. 대한민국은 한밤중에 여성 혼자 자유롭게 거리를 활보해도 불안을 느끼지 않는 나라이다. 세계 최고 수준으로 촘촘하게 설치된 CCTV와 보안 시스템은 범죄를 억제하고 즉각적인 해결을 가능하게 한다. 우리는 주유소에 카드를 놓고 와도 다음 날 웃으며 돌려받는 것을 당연하게 여긴다. 카페 테이블에 고가의 노트북과 스마트폰을 그대로 두고 화장실을 다녀와도 아무도 훔쳐 가지 않는 나라, 이것이 바로 세계가 기적이라 부르는 대한민국의 신뢰 문화이다. 외국인들에게는 상상조차 할 수 없는 이 풍경이, 우리에게는 공기처럼 자연스러운 일상이 되었다.

둘째, 가난을 딛고 일어선 높은 교육열은 우리 민족을 압도적인 '지적 전사'로 단련시켰다.

일제강점기와 전쟁의 폐허 속에서도 배워야 산다는 절박한 믿음은 우리 민족 고유의 위대한 유산이 되었다. 오늘날 누군가는 우리 학생들이 하루 15시간씩 책상 앞에 앉아 공부하는 것을 단순히 입시 지옥이라 하지만 이는 극한의 집중력과 끈기를 단련하는 치열한 정신적 훈련의 과정이었다. 학교 교육은 기본이고, 방과 후에도 배움의 열정을 불태운 결과, 우리 민족은 세계적으로 평균 지능(IQ)이 가장 높은 민족 중 하나가 되었다. 최근 국제 조사에서 한국의 지적 능력이 세계 최상위권을 유지하고,

전 국민의 70%가 넘는 대학 진학률을 기록한 것은 단순한 수치가 아니다. 이는 우리 사회 전체가 새로운 정보를 스펀지처럼 흡수하고, 복잡한 문제를 신속하게 해결하는 거대한 집단 지성을 보유하고 있음을 의미한다. 이 지적 토대야말로 급변하는 미래 산업의 파고를 가장 유연하게 넘을 수 있는 우리의 강력한 원동력이다.

셋째, 이제 남은 것은 단 하나, 정치의 대각성과 국민의 준엄한 선택이다.

우리는 세계 최고의 국민과 안전한 시스템을 이미 갖췄다. 하지만 이 훌륭한 하드웨어를 움직일 소프트웨어인 정치는 지금 어디에 와 있는가. 경제적 어려움을 견디다 못한 한 가장이 부인과 자식의 목숨을 앗아가고 자신도 뒤따르려 했던 비극이 보도되었다. 홀로 남겨진 가장이 고개를 숙여 우는 모습이 나를 정말 가슴 아프게 하였다. 더욱 비극적인 것은 대한민국이 OECD 국가 중 자살률 1위라는 사실이다. 특히 젊은이들 사망자 중 50%가 자살이라는 통계는 충격적이다. 20대 사망자 2명 중 1명이 스스로 생을 마감하는 나라, 과연 이곳에 내일의 희망이 있다고 말할 수 있겠는가.

지금 우리 경제 또한 칠흑 같은 어둠 속에 있다. 중소기업의 45%가 벌어들인 돈으로 은행 이자조차 내지 못하는 이른바 "한계기업"으로 내몰렸다. 2025년도에 폐업자 수가 100만 명을 넘었고 더 큰 문제는 2030 청년 실업자가 급증하고 있다는 것이다. IMF는 이미 대한민국을 부채 위험 국가로 분류하며 경고 신호를 보냈다. 무작정 "공짜 돈"을 나누어 주는 포퓰리즘에 빠져 국가 재정을 탕진한다면, 우리는 순식간에 베네수엘라와 같은 몰락의 길을 걷게 될 것이다.

더욱 심각한 것은 법치국가의 근간인 입법·행정·사법의 3권 분립이 흔들리고 있다는 점이다. 최근 스웨덴 V-Dem(민주주의 다양성) 연구소는 "민주주의 보고서 2024"를 통해 한국의 민주주의 수준이 하락하고 있다고 공식 경고했다. 영국의 이코노미스트(The Economist) 등 주요 외신들 또한 한국 정치의 법치주의 훼손을 우려 섞인 시선으로 보도하고 있다. 세계가 부러워하는 경제 위상을 가졌음에도, 지금처럼 정치가 제 역할을 못하고 사익과 이념에만 매몰된다면 대한민국은 정말 큰 위기에 직면할 것이다.

이제 우리는 더 이상 범죄자나 거짓말을 일삼는 정치인, 국가의 미래보다 당장의 표심만을 노리는 자들에게 나라의 운명을 맡겨서는 안 된다. 만약 이번에도 국회의원을 잘못 뽑고 정치의 대각성을 이뤄내지 못한다면, 우리가 일군 이 모든 빛나는 성취는 순식간에 무너져 내릴 것이다. 그럼에도 불구하고 우리가 이 절망의 끝에서 다시 희망을 노래해야 하는 이유는, 우리 국민이 가진 저력이 너무나도 위대하기 때문이다.

"당신은 알고 있는가! 지금 전 세계 젊은이들이 가장 가고 싶어 하는 곳 1순위가 서울, 바로 우리들의 대한민국이라는 것을!"

우리는 더 이상 변방이 아니다. 유럽의 거리에서, 아시아의 광장에서, 우리가 한국인이라는 사실만으로 그들의 눈빛이 동경으로 바뀌는 것을 체감한다. 외국인들이 "Made in Korea" 제품을 마주할 때 내뱉는 감탄사 "원더풀!"은 이제 우리의 자부심 섞인 일상이 되었다.

우리는 살아남았다. 가난과 결핍을 딛고 일어난 부모 세대와, 헌신으로 나라를 지탱해 온 58년 개띠 베이비부머 세대의 희생을 결코 헛되게

해서는 안 된다. 과거의 기적이 우리를 여기까지 데려왔다면, 미래의 기적은 이제 우리 한 사람 한 사람의 현명한 선택에서 다시 시작될 것이다. 올바른 한 표를 행사하는 우리의 결단이 대한민국의 다음 100년을 결정한다. 이번에도 잘못 뽑는다면 우리에게 다음 기회는 없을지도 모른다.

"하느님이 보우하사 우리나라 만세!
대한 사람 대한으로 길이 보전하세."

오늘 나는 애국가의 한 구절을 간절한 마음으로 다시 한번 새겨본다.

작가 인터뷰

이 책을 쓰게 된 계기는 무엇인가요?

60년이 넘는 세월을 온몸으로 부딪치며 살아오다 보니, 도무지 이해할 수도, 받아들일 수도 없는 어처구니없는 일들을 수없이 겪었습니다. 이러한 내용을 책으로 남기고 싶다는 생각은 20년 전부터 품어왔어요. 처음에는 신문 기사들을 스크랩하며 방대한 자료를 모았는데, 신문 내용을 그대로 옮길 경우 저작권 문제가 생기겠더라고요. 방법을 고민하는 과정에서 남의 이야기가 아닌, 나 자신의 이야기가 더 큰 울림을 줄 수 있겠다는 생각을 하게 되었죠. 그렇게 제가 겪어 온 생생한 경험을 토대로 한 책을 쓰게 되었습니다.

책 제목이 강렬합니다. '어처구니'라는 단어로 우리 시대의 어떤 모습을 꼬집고 싶으셨나요?

맷돌의 손잡이가 없으면 맷돌을 돌릴 수 없잖아요. 저는 사회를 지탱하는 손잡이는 '정직과 도덕'이라고 생각하는데요. 지금 우리 시대를 보세요. 정직과 상식은 실종되고, 오히려 비정상이 정상을 조롱하죠. 어처구니없는 맷돌 같은 우리 사회의 민낯을 직시하자는 의미를 담아 '어처구니'라는 제목을 짓게 되었습니다.

대기발령이라는 고립된 상황에서 빨간 경고장을 붙이며 맞섰던 내면의 힘은 어디에서 나왔나요?

정직과 원칙대로 살겠다는 제 신념에서 비롯된 힘이었죠. 저는 회사에 충성을 다해 일해왔다고 자부하고 있었어요. 뼈를 묻겠다는 각오를 할 정도였죠. 부장이 될 때까지 회사에 누를 끼친 적이 단 한 번도 없었고요. 그런데 아무런 설명도 없이 대기발령을 받았으니 얼마나 화가 났겠어요. 하지만 좌절하지는 않았어요. 부당함에 굴복하지 않겠다는 신념이 저를 다시 일으켜 세웠죠.

파산 후 반지하방에서 재기를 꿈꾸던 시절, 그 절망적인 상황을 버티게 해 준 힘은 무엇이었습니까?

오직 가족 덕분이었어요. 쌀 한 톨 없던 반지하방에서 살던 때도 있었는데… 고생이 이만저만 아니었는데 아내가 참 잘 버텨줬어요. 두 아들도 저를 굳건히 믿어줬고요. 암울한 상황이었는데도 "우리 아빠는 다시 일어설 거야."라고 하더군요. 저에겐 가족이 최후의 보루이자, 제가 다시 시작해야 할 유일한 이유였죠.

요령이 판치는 세상에서, 정직은 작가님께 어떤 무기가 되었나요?

늘 요령보다 원칙을 택했고, 그 선택은 작지만 단단한 회사를 키우는 원동력이 되었습니다. 두 아들과 함께 사업을 하면서도 늘 정직과 원칙을 강조해 왔죠. 그 결과 9년 동안 단 한 번의 매출 하락 없이 회사를 30억 원 규모로 성장시킬 수 있었고요. 지금은 그 경험을 바탕으로, 또 한 번의 도약을 준비하며 100억 원이라는 새로운 목표를 향해 달리고 있습니다.

스승의 그림자도 밟지 않던 시절과 교권이 무너진 오늘날을 모두 겪으셨어요. 아이들에게 가장 필요한 가르침은 무엇일까요?

아이들에게 가장 필요한 가르침은 예의와 배려, 그리고 공경이라고 생각합니다. 어른을 '꼰대'라 부르며 쉽게 무시하는 태도가 만연한 현실을 보면 마음이 무거워져요. 물론 권위를 내려놓지 못한 어른들의 책임 또한 결코 작지 않죠. 그럼에도 아이들이 분명히 알아야 할 진리가 있습니다. 타인을 존중하고 어른을 공경할 줄 아는 사람만이, 훗날 자신 역시 존중과 공경을 받는 어른으로 살아갈 수 있다는 사실이에요.

법을 만드는 사람들을 신뢰할 수 없는 시대인데요. 시민들은 무엇을 이정표 삼아 나아가야 할까요?

이런 시대일수록 옳고 그름을 분별하는 힘이 필요해요. 범죄자들이 활개 치고, 거짓이 진실인 양 둔갑하는 세상에 우리의 삶을 그대로 맡길 수는 없잖아요. 부정한 사기와 거짓말에 속지 않는 지혜를 갖춰야죠. '거짓은 결코 정직을 이길 수 없다'라는 믿음을 삶의 기준이자 이정표로 삼아야 해요.

앞만 보고 달려온 아버지들에게, 지금 당장 멈춰서 확인해 봐야 할 것 하나를 짚어주신다면요.

스스로에게 이렇게 물어보셨으면 합니다. '나는 지금, 나로서 당당하고 행복한가?' 그 질문에 대한 대답이야말로, 앞으로의 삶을 어떤 방향으로 살아갈지 결정해 줄 가장 중요한 기준이 될 거예요.

앞으로 이루고 싶은 꿈이나 목표가 있다면요.

전국의 폐교를 영업사관학교로 만들어서 자영업자와 중소기업 종사자들을 교육하는 게 꿈이에요. 현재 중소기업의 70%가 무너지고 있고, 자영업자의 폐업률은 그보다 더 심각한 상황이에요. 이 통탄할 현실 속에서 기업이 망하지 않는 방법, 그리고 기업이 성공할 수 있는 방법을 전하고 싶습니다. 그 꿈을 향해 저는 오늘도 멈추지 않고 전진하고 있어요.

힘들 때 묵묵히 곁을 지켜준 아내분께 이 자리를 빌려 전하고 싶은 진심은 무엇인가요?

여보, 미안하고 고마워요. 반지하 차가운 바닥에서 쌀 한 톨 없을 때도 나라는 사람 하나 믿고 기다려준 당신이 있었기에 오늘의 내가 있습니다. 그동안 정말 고생 많았어요!

밑바닥에서 기어 올라온 인생 선배로서, N포 세대 청년들에게 전하고 싶은 조언은 무엇인가요?

밑바닥을 겪어본 인생 선배로서 드리고 싶은 말은 분명해요. 당장 알바 인생의 늪에서 벗어나야 합니다. 알바만으로는 자신의 꿈을 이루기도, 제대로 된 경력을 쌓기도 어려워요. 당장은 힘들고 고통스럽더라도, 자신의 가치를 증명할 수 있는 현장에서 땀을 흘리세요. 부는 결코 요행으로 오지 않아요. 당신이 흘린 땀의 양과 반드시 비례합니다. 자신의 경력을 위해 필요한 고통스러운 훈련의 시간을 견뎌내는 것, 그것이 결국 삶을 바꾸는 출발점이 될 거예요.

마지막으로, 상식이 통하지 않아 눈과 입을 닫아버린 독자들에게 한 말씀 부탁드립니다.

플라톤은 "정치를 외면한 가장 큰 대가는 가장 저질스러운 인간들에게 지배당하는 것이다"라고 경고했습니다. 상식이 통하지 않는다고 침묵해 버리면, 세상은 더 나빠질 뿐이고 우리의 삶은 더욱 피곤해질 수밖에 없습니다. 어처구니없는 세상일수록 우리는 더 크게 외치고, 더 분명하게 행동해야 합니다. 이 책이 여러분의 닫힌 입과 눈을 다시 여는 작은 불씨가 되기를 진심으로 바랍니다.

작가 홈페이지

어처구니

정직한 대한민국을 위한 시대성찰 에세이

발행일 2026년 3월 19일

지은이 황윤수
펴낸이 마형민
기획 페스트북 편집부
편집 곽하늘 유혜수 김예은 김현우
디자인 김안석 표진아
펴낸곳 주식회사 페스트북
홈페이지 festbook.co.kr
편집부 경기도 안양시 동안구 관악대로 488

© 황윤수 2026

ISBN 979-11-6929-249-8 03300
값 16,000원